Lichtpunkt

Umschlag-Gestaltung:	Viktor Stampfli,	CH-6000 Luzern
Zeichnung:	Peter von Rotz,	CH-6078 Lungern
Druck:	Fridolin von Ah,	CH-6060 Sarnen

2. überarbeitete Auflage

ISBN 3 - 908530 - 01 - 6

TAMARON

VERLAG

Silvia Wallimann

Lichtpunkt

Aufschlüsse durch mediales Hellsehen
über bewusstes Leben und Sterben.

Tamaron-Verlag Postfach 250
CH-6078 Lungern

Inhalt

Vorwort

Eines Nachts wachte ich auf, von unbändiger Freude gepackt. Ich spürte, dass nun die Zeit gekommen war, meine langjährigen Erfahrungen mit der geistigen Welt an die Öffentlichkeit zu bringen. Die geistige Welt, jene Dimension, die wir als das Jenseits bezeichnen, gab mir den Auftrag dazu.

Dieses Buch widme ich denen, die nicht nur von erweitertem Bewusstsein reden, sondern ehrlich bemüht sind, für die Entwicklung ihres eigenen und des Bewusstseins unserer gemeinsamen Welt etwas zu tun.

Ich habe das, was ich zu sagen habe, in einfacher, allgemeinverständlicher Sprache formuliert. Für weitere Auskünfte stehe ich den Lesern dieses Buches gerne zur Verfügung. Ich sehe als wichtigen Teil meiner Aufgabe, für meine Behauptungen den Beweis anzutreten.

Seit eh und je haben aussersinnliche Wahrnehmungen die Menschen einerseits in Angst, andererseits in Hoffnung versetzt. Die Geschichte der Inquisition ist für die Angst das markanteste Beispiel. Im technischen Zeitalter formulieren die Menschen ihre Angst wieder, worin auch eine Chance für die Hoffnung liegt. Nicht nur in Wissenschaft und Technik wurden neue Wege erschlossen, sondern auch die Esoterik gewinnt einen Teil ihrer früheren Bedeutung zurück. Zeugnisse aussersinnlicher Wahrnehmungen werden heute glücklicherweise nicht mehr durch den Scheiterhaufen zum Schweigen gebracht, und der Glaube an die Existenz aussersinnlicher Begebenheiten gilt nicht mehr unbedingt als ein Verstoss gegen den gesunden Menschenverstand.

Mir ist nicht an einer wissenschaftlichen Abhandlung gelegen, sondern ich möchte versuchen, durch meine Fähigkeit des Hellsehens Hilfen zu leisten.

In den letzten Jahrzehnten zeigen sich immer mehr Menschen offen für die alte Weisheit, dass es mehr Dinge gibt zwischen Himmel und Erde, als unsere Schulweisheit sich träumt. Deshalb hoffe ich, dass Sie, liebe Leser, dem Inhalt dieses Buches unvoreingenommen begegnen, ohne die üblichen Vorurteile, die von Theoretikern oft mit um so grösserer Selbstsicherheit vertreten werden, je weniger sie von einer Sache wissen.

Seltsame Erfahrungen in der Kindheit

In unserer Familie gehörte es zum Alltag, dass von Verstorbenen, also von Seelen in anderen Dimensionen, gesprochen wurde. Es faszinierte mich mitzuerleben, wie mein Vater aus Zeichen der Natur, die teilweise auch für uns Kinder sichtbar waren, lesen konnte. Oft wusste er im voraus, wer sterben würde.

Über Jahre hinweg besuchte ihn ein grauer Vogel, der sich wie ein Bote für eine kurze Weile auf unser Fensterbrett setzte und sich dann wieder gegen den Himmel schwang. Nach einem solchen Ereignis wusste er jeweils mit Sicherheit, dass wieder eine Seele «hinübergehen» würde, wie meine Eltern dies nannten. Ich kann mich nicht erinnern, dass mein Vater diesbezüglich jemals unrecht gehabt hat.

Auch schien es mir ganz natürlich, dass ich den Tod meines Grossvaters vorausahnte. Schon zwei Tage zuvor träumte ich von ihm, und als er starb, blieb mein Wecker auf die Minute genau stehen. Um zwei Uhr nachts rannte ich weinend zu meiner Mutter, um ihr mitzuteilen, dass der Grossvater soeben verstorben sei. Sie tröstete mich mit den Worten: «Beruhige dich, es war sicher nur ein böser Traum», doch nichts konnte mich von meiner Überzeugung abbringen. Am nächsten Morgen bestätigte ein Telefonanruf meiner Grossmutter meinen Traum als Wirklichkeit.

Einige Tage nach seinem Tod sah ich an unserer Schranktüre eine helle Lichtgestalt. Ich war sicher, es sei mein Grossvater, und mit kindlicher Natürlichkeit redete ich zu ihm, bis die Lichtgestalt wieder verschwand. Dieses Geschehen wiederholte sich zehn Nächte lang. Danach konnte ich trotz meines Wunsches, meinen Grossvater wiederzusehen, nichts mehr wahrnehmen.
Es war für mich nicht aussergewöhnlich, dass mein Vater in Gebet und Gespräch mit Verstorbenen redete und sich mit ihnen verbunden fühlte. Die tiefe Frömmigkeit meiner Mutter bezwang oft meine Angst, die manchmal meine Kinderseele verunsicherte und bedrückte. Der Tod sei so natürlich wie das Leben, lehrte sie mich.
Als ältestes von sechs Kindern lernte ich in jungen Jahren, alles mit den anderen zu teilen und auf vieles zu Gunsten der kleineren Geschwister zu verzichten. Der Kampf um das tägliche Brot war gross, daher hatten wir sehr wenig Spielsachen. So spielte ich in unserem damaligen Garten vor allem mit der Natur, redete in meiner kindlichen Fantasiewelt mit Steinen, Blumen und Bäumen. Ich stellte mir Feen und Naturgeister vor, die zu meinen liebsten Spielgefährten wurden.
Das Schicksal hatte uns schon als Kinder viel Schweres aufgebürdet. Heute bin ich dafür dankbar, denn dadurch wurde meine seelische Tragfähigkeit auf ganz natürliche Weise entwickelt.

Ich erinnere mich mit einem Schmunzeln daran, wie ich als Kind nach ungerechter Behandlung mir gerade in Vollmondnächten mein Recht verschaffte. Hatten mir meine jüngeren Geschwister irgend etwas weggenommen und dies mit schrecklichem Geschrei auch vor den Eltern zu verteidigen gewusst, holte ich es mir beim nächsten Vollmond zurück. Immer fand ich den gesuchten Gegenstand mit geschlossenen Augen, ebenso wie den von meinen Eltern versteckten Zimmerschlüssel. Es half nicht einmal, dass meine Mutter mich zu sich ins Bett nahm, und obwohl ich zur Wand hin liegen musste, gelang es mir, als Schlafwandlerin unbemerkt ihr Bett zu verlassen.

Später, als ich erwachsen wurde, begann ich an derartigen Kindheitserinnerungen zu zweifeln. Der Versuch, sie mit dem Verstand zu erfassen, wirkte wie eine scharfe Klinge, die alles in mir zerlegen wollte. Lange Jahre wandte ich mich von allem ab, was ich mit meinen äusseren Sinnen nicht wahrnehmen und nicht beweisen konnte. Auch Gefühle mussten realistisch sein, sonst konnte und wollte ich sie nicht akzeptieren. Ich ging ins Ausland und hoffte, dort «das Leben» zu finden.

Doch immer wenn es mir nicht gut ging, erklang die Stimme meiner Mutter in mir: «Lerne aus der Natur, sie antwortet dir auf alle Fragen». Immer wieder stellte ich fest, dass die Kindheitserlebnisse mich nie ganz los liessen. Doch davon hatte ich einfach genug, damals wollte ich vor allem leben, ohne grosse

Verantwortung tragen zu müssen. Über Jahre hinweg war ich ein Meister im Verdrängen.
Die Zeit verging, und in der Schule des Lebens empfand ich mich als eine mittelmässige Schülerin. Ich redete mir ein, damit zufrieden zu sein. Nichts Aussergewöhnliches geschah. Endlich lernte ich, mich wie alle anderen durchzukämpfen, zu sein wie alle. Ich wollte mich so empfinden wie jedermann, und fühlte mich in der Umgebung von Menschen, ob bekannt oder unbekannt, wohl, wie in einer grossen Herde aufgehoben und geborgen. Ich für alle, und alle für mich, schien mir ein wichtiges Lebensziel zu sein. Es wuchs in mir ein unerklärbares Verantwortungsbewusstsein, das sich im Wunsch ausdrückte, die Menschen in ihren tieferen Schichten verstehen zu lernen. Diese Entwicklungsphase, sie dauerte acht lange Jahre.
Heute weiss ich, dass damals ein tiefes Verständnis für die Menschen in mir reifte, ein Verständnis für die Welt in ihrer ganzen Liebe und gleichzeitig in ihrem ganzen Leid. Ich fühlte, wie sich mein inneres Verständnis allem Geschehen gegenüber entwickelte, und stand vor der Frage, was Menschsein eigentlich bedeute.

Wie ich die Menschen erlebte

Der Satz: «Lerne aus der Natur, sie beantwortet alle Fragen» errang sich mühsam wieder einen Platz in meinem Bewusstsein.
Ganz erstaunt stellte ich fest, dass jeder Mensch durch den Klang seiner Stimme, die Gestik, die Augen etwas ausstrahlte, was ich mit Hilfe meiner Vorstellungskraft in verschiedene Töne fassen konnte. Jede Person, die mir begegnete, war für mich im Augenblick selbst das Wichtigste. Automatisch erwarb ich mir mit dieser Einstellung die Disziplin, mich dem Augenblick voll und ganz zu widmen, ohne mich ständig ablenken zu lassen. Um die Menschen besser verstehen zu lernen, wollte ich fähig werden, ihre Handlungsweisen und Äusserungen in mir selbst als Ton oder Schwingung zu empfinden.
Ich stellte fest, dass zum Beispiel jeder Händedruck – rein äusserlich eine blosse Begrüssungsformel – eine Individualität hatte. Nicht jeder sagte dasselbe aus, z.B. konnte ein Händedruck heissen: Ich mag dich, und der andere: Ich freue mich, oder: Ich tue es aus Anstand etc. Daraus schloss ich, dass jeder Mensch in sich ein Ganzes ist. Es musste also möglich sein, die einzelnen Ausdrücke anderer Menschen auf irgend einer Ebene in mir empfinden zu lernen und auf seelischer Ebene besser nachempfinden zu können.
Plötzlich erschien es mir logisch, dass ich einen Baum, eine Blume, einen Stein, das Wasser oder den

Himmel empfinden konnte, weil auch die Natur sich ausdrückt, zum Beispiel Wärme, Kälte, Licht, Duft etc. Genau so, wie das Wesen der Menschen in ihrem Verhalten Ausdruck findet, strahlt die Natur Energien, Schwingungen oder Wellen aus, die zu einem inneren Klang, einem Gefühl, einem inneren Verständnis führen.

Die Zeit verging, und immer mehr fand ich zurück zu den Erinnerungen meiner Kindheit. Der graue Vogel, warum kam er auf unser Fensterbrett? Warum und wie wusste mein Vater, dass bald jemand sterben würde? Was ist eigentlich Tod? Was sind «hinübergegangene» Seelen? Fragen über Fragen verfolgten mich wie dunkle Schatten, die fühlbar vorhanden waren, die ich aber nicht einfangen konnte!

Eines Tages rief mich eine Freundin an und bat mich, mit ihr zusammen an einem Meditationskurs teilzunehmen. Obwohl ich nicht wusste, was Meditation war, sagte ich zu. Ich las nach, dass es ein möglicher Weg zu innerer Entwicklung sei, und gerade das brauchte ich. Als Neuling in dieser Gruppe fand ich es höchst eigenartig zu beobachten, wie sich die anderen Teilnehmer verhielten. Alles, was ich am ersten Abend mit nach Hause nahm, war ein mir unbekanntes Gefühl, eine Schwingung, die mich jedoch mehr einschläferte als besinnlich machte.

Ich hatte mir vorgenommen, beim nächsten Versuch auch etwas erleben zu wollen. Dieser Wunsch brannte wie Feuer in meiner Seele. Doch bei mei-

nem zweiten Anlauf bekam ich einen Lachkrampf. Zu meinem grössten Erstaunen störte es die Anwesenden nicht, im Gegenteil, man zeigte volles Verständnis für mich. Darüber geriet ich zunächst in Wut und Verzweiflung, die dann glücklicherweise in noch grössere Neugierde und dem Willen, nicht aufzugeben, mündeten.
Damals suchte ich noch eine Wohnung, und so liessen mich die alltäglichen Probleme die Enttäuschung über meine Erfahrung mit Meditation vergessen. Der Gedanke, dass die nächste Übungsstunde erst wieder in zwei Wochen stattfände, beruhigte mich. Als der Tag näherkam, war ich sehr aufgeregt und kam mir wie ein Kind vor, das vor seinem ersten Schultag steht. Auch die Atmosphäre im Meditationsraum empfand ich stärker als zuvor. Diesmal nahm ich mir überhaupt nichts mehr vor, ich wollte alles geschehen lassen. Gelassen und vertrauensvoll setzte ich mich auf den mir zugewiesenen Stuhl und schloss die Augen. Nichts geschah, das Warten kam mir endlos vor. Ich begann mich nur noch auf die laufende Musik zu konzentrieren, und stellte mir vor, wie ich zu einem Ton werden könnte, wünschte mir sehnlichst, mich als Tonwelle fortbewegen zu können. In mir wurde es ganz plötzlich ruhig. Das Körpergefühl entschwand, ich hatte den Eindruck zu schlafen und konnte doch wie im Wachzustand Bilder sehen, von denen ich nicht wusste, welcher Realität sie zuzuordnen wären. Dies war begleitet von einem unbeschreiblich herrlichen Gefühl, so als

würde sich alle Schwere wie Zucker in einem Glas Wasser auflösen.
Fast erschrocken folgte ich der plötzlich ertönenden Stimme unseres Meditationslehrers, der uns – wie mir schien – schon nach wenigen Minuten wieder ins Bewusstsein des Alltags zurückbrachte. Erstaunt stellte ich fest, dass in Wirklichkeit eine Stunde vergangen war.
Was bedeuteten die Bilder vor meinem «inneren Auge»? Waren sie Traum oder Wirklichkeit? Dieses Erlebnis hatte mich sehr tief berührt, und es blieb eine Wunde zurück, eine mir unerklärbare Sehnsucht. Sehnsucht nach was? Ich war unfähig, die Ordnung in meiner Seele wieder herzustellen.
Tage danach erinnerte ich mich, dass ich in der Meditation, nebst anderen Bildern, eine Wohnung gesehen hatte. Jede Einzelheit sah ich wieder deutlich vor mir, suchte aber nicht nach Erklärungen, aus Angst, etwas falsch zu machen und dadurch das schöne Erlebnis zu verlieren.
Was ich dann erlebte, erstaunt mich noch heute, wenn ich diese Zeilen schreibe, denn die Wohnung, die ich mir als nächste ansah und auch mieten konnte, entsprach bis ins kleinste Detail jener, die ich in der Meditation gesehen hatte!
Wie war so etwas überhaupt möglich? Was war geschehen? Zufall? An Zufälle hatte ich eigentlich nie geglaubt.
Das Erlebnis wühlte mich so sehr auf, dass ich kaum mehr schlafen konnte. Die letzte Meditationsstunde

dieses Kurses liess ich ausfallen aus Angst, verrückt zu werden.
Als ich mich wieder etwas gefasst hatte, meditierte ich mit viel Selbstdisziplin allein weiter. Mein einziges Bestreben ging dahin, alles Geschehene besser verstehen zu lernen. Durch «Zufall» lernte ich eine Kameradin kennen, die mich bat, ihr beim Aufbau einer Meditationsgruppe zu helfen. Ohne langes Überlegen stimmte ich zu. Abwechslungsweise führten wir in kleinen Gruppen Meditationen durch. Ich war froh, dass keiner der Teilnehmer das Zittern meiner Stimme bei meinen ersten Gruppenübungen bemerkte.
Mit jeder Übung wurden die Bilder vor meinem inneren Auge klarer, und die Tiefe meiner Empfindungen tat fast weh. Ich fühlte gewaltige Energien frei werden, und ich hatte manchmal Angst, sie könnten mich erdrücken.
Fast ein Jahr verging, bis ich mich daran gewöhnt hatte. Dass die Menschen von unseren Meditationen begeistert waren, genügte mir vorerst. Zudem betrachtete ich es als Möglichkeit, auch mich selbst weiter zu entwickeln. Mein Selbstvertrauen festigte sich zusehends.
Eines Nachmittags rief mich eine Dame aus unserer Meditationsgruppe an. Ihr Bruder sei vor acht Jahren verstorben, und sie hätte das intensive Gefühl, ich könnte mit ihm Kontakt aufnehmen. In langen Telefongesprächen versuchte ich über Tage hinweg, sie vom Gegenteil zu überzeugen. Ich sagte ihr, dass

ich weder das Wissen noch die Fähigkeit dazu hätte. Sie liess sich durch meine Erklärungen von ihrer Bitte nicht abbringen, so dass ich ihr schlussendlich eine Meditation zu zweit anbot. Voller Freude erklärte sie sich damit einverstanden.
Bevor sie an dem vereinbarten Nachmittag bei mir eintraf, meditierte ich für mich allein und versuchte, mich zu beruhigen. Mir ging es vor allem darum, der Dame zu beweisen, dass so etwas gar nicht möglich sei, und ich hoffte gleichzeitig, ihr ein wenig über den immer noch vorhandenen Schmerz hinweghelfen zu können.
Wir sassen einander gegenüber und begannen zu meditieren, beide mit geschlossenen Augen. Ich erinnerte mich an meine ersten Meditationserfahrungen und stellte mich, um innerlich gelöster zu werden, wieder auf die leise laufende Musik ein. Ich fühlte die Schwere meines Körpers entschwinden, das Zeit- und Raumgefühl war ausgelöscht, grenzenlos konnte ich mich überallhin bewegen und durch alles hindurch schauen. Begleitet von einem unbeschreiblichen Glücksgefühl, das es mir schwer machte, mich auf die Dame zu konzentrieren, gelang es mir erst nach längerer Zeit, die notwendige Tiefe meiner Versenkung zu erreichen. Die Verwirrung war dann allerdings gross, weil ich im Zusammenhang mit der anwesenden Frau zwei Bratpfannen zu sehen begann. Als ich ihr dies sagte, beruhigte sie mich mit der Aussage, es müsse sich wohl um die zwei Speisen handeln, die sie heute Mittag in

zwei verschiedenen Bratpfannen zubereitet hätte. Diese Bestätigung beflügelte mich so sehr, dass augenblicklich alle Zwänge und Verkrampfungen von mir abfielen. Mein Versenkungsgrad vertiefte sich, und ich konnte ihr Haus beschreiben.

Dann sah ich ihre beiden Kinder, erkannte ihre Talente und Schwächen.

Unerwartet durchfuhr es mich mit einem fast schmerzhaften Ruck. Ich hatte das Gefühl, nicht mehr sprechen zu können, und glaubte fast zu erstikken. Meine Körpertemperatur muss dabei stark gesunken seien, denn ich begann entsetzlich zu frieren. Ich wollte diesen unangenehmen Zustand überwinden und wartete, was geschehen würde. Nach – wie mir schien – endloser Zeit fühlte ich mich leicht werden wie eine Feder. Ein immer stärker werdendes Würgen im Hals wurde jedoch fast unerträglich. Die Besucherin bemerkte meinen veränderten Zustand und bekam es mit der Angst zu tun, worauf sie mich leise anrief. Ihre Stimme klang weit weg und drang wie ein kaum vernehmbares Flüstern an mein Ohr. Ich bat sie, ruhig zu bleiben und abzuwarten. Meine Stimme glich einem Krächzen.

Dann geschah etwas Seltsames: Aus mir begann eine Männerstimme zu sprechen. Ich fürchtete mich entsetzlich. Die Stimme begrüsste meine Besucherin mit ihrem Vornamen und gab sich als ihr Bruder zu erkennen. Er schilderte die Erlebnisse vor seinem Tod, dann bedankte er sich, und ich fühlte wieder diesen heftigen Ruck im Körper. Bevor ich mir klar

darüber wurde, was geschehen war, öffnete ich die Augen und sank erschöpft im Sessel zusammen. Ich fühlte mich wie ein Häufchen Elend. Tränen rannen über mein Gesicht. Langsam nur konnte ich mich von meiner Erschütterung erholen. Ich hatte soeben etwas erlebt, was mir bisher unmöglich schien.
Mit der Frau vereinbarte ich, niemandem etwas von dem Geschehen zu sagen. Ich glaubte damals, dass diese Erfahrung eine einmalige Angelegenheit bleiben werde.
In der darauf folgenden Zeit war ich sehr oft niedergeschlagen. Es belastete mich, dass ich nicht den Mut aufbringen konnte, mit jemandem über mein Erlebnis zu sprechen. Die Angst, missverstanden zu werden, war zu gross. Ich fühlte mich uralt und diesem Geschehen hilflos ausgesetzt. Meine einzige Hoffnung legte ich in die Zeit, die ja bekanntlich alle Wunden heilen soll.
Ich stürzte mich in tausend Beschäftigungen. Manchmal fürchtete ich mich auch vor den Meditationskursen. Ich musste unbedingt meine Meditationserfahrungen besser unter Kontrolle bekommen. Um keinen Preis sollte ich nicht beeinflussbaren Geschehnissen ausgeliefert sein.
Die Teilnehmer meiner Meditationskurse die mit Begeisterung und Geduld bei der Sache waren, trugen unbewusst viel dazu bei, dass ich allmählich der inneren Erregung Herr wurde und über das aufwühlende Erlebnis hinwegkam. So haben Begegnungen und Erlebnisse mit Menschen mich geformt.

Hellsehen als Hilfe für andere

Eines Tages erzählte mir mein Vater am Telefon, dass es ihm gesundheitlich sehr schlecht gehe. Ob ich nichts für ihn tun könne, war seine Frage. Da wir zirka 80 km voneinander entfernt wohnten, bat ich ihn, er solle sich sofort hinsetzen, denn ich würde versuchen, mich geistig auf ihn einzustellen. Er konnte sich darunter nichts vorstellen, tat aber, was ich ihm sagte. Als ich mich etwas beruhigt hatte, begann ich zu meditieren und stellte mir vor, dass ich nun, statt der Schwingungen irgendeiner Musik die meines Vaters aufnehmen würde. So wartete ich eine Weile. Wiederum überkam mich dieses Gefühl der Schwerelosigkeit, und zu meinem eigenen Erstaunen sah ich meinen Vater durchsichtig vor mir stehen. In seiner Herzgegend war ein grosser, dunkler Punkt. Daneben ein Medikament, welches sich auch dunkel zu färben begann. Ich wollte ihm helfen und stellte mir vor, dass sich mein ganzes Wesen mit reinen, kosmischen Energien auflade, die ich durch die Kraft meiner Gedanken ihm zusandte. Bevor ich eines weiteren Gedankens fähig war, verspürte ich den mir inzwischen gut bekannten Ruck im Körper und war sofort hell wach. Nach einigen Minuten klingelte das Telefon. Die Stimme meines Vaters überschlug sich vor Freude, als er mir bestätigte, das seine Schmerzen und Beschwerden verschwunden seien und er sich wie «neu» fühle. Er sei nun auch der Meinung, auf ein ihm verordnetes Medikament negativ zu reagieren, und er werde dieses Problem mit seinem Arzt besprechen. Als wir das Gespräch beendet hatten, fühlte ich mich erneut sehr traurig. Wic allein war ich doch mit meinen Empfindungen, so allein, dass ich stundenlang weinen musste. Wohl weckte das Erlebte Freude in mir, aber auch eine innere Beklemmung, weil mir bewusst wurde, welche Verantwortung ich mit diesem «Tun» übernommen hatte. War das nun meine Lebensaufgabe? In meiner Heimat, der Schweiz, so eine Tätigkeit auszuüben schien mir unvorstellbar. Heftige Zweifel kamen über mich, und lange, schlaflose Nächte folgten. Einmal mehr wollte ich mich von allem distanzieren, und es quälte mich so lange, bis ich ernstlich krank wurde. Ich getraute mich nicht, mit jemandem darüber zu reden, aus Angst, man würde mich für wahnsinnig erklären.

Doch die Krankheit wurde zum Retter in meiner Not. Langsam führte sie mich zu innerer Ruhe zurück. Wohl war mein Körper geschwächt, doch zunehmend bemerkte ich ein sich ausbreitendes Vertrauen. Innerlich fühlte ich mich wie umgewandelt, und allmählich gewann ich meine Selbstsicherheit wieder zurück. Die Krankheit liess mich mir selbst auf neue Weise begegnen und weckte neue Hoffnung in mir. Meine innere Stimme wurde so laut, dass ich unweigerlich begreifen musste, dass all die seltsamen Geschehnisse Realität waren. Hatte ich mir die Gewissheit nicht immer gewünscht? Mehr als alles andere! Wann immer ich die Zeit dazu fand,

jetzt oft auch in der Nacht, meditierte ich, obwohl ich mir dabei sehr extrem vorkam.
Als es mir insgesamt besser ging, nahm ich die Meditationskurse wieder auf. Inzwischen war es fast zu einer Selbstverständlichkeit geworden, dass ich die Sorgen und Nöte der anwesenden Kursteilnehmer «sah», ohne dass sie mir etwas davon erzählten. Für mich aber war es das Wichtigste, auch mögliche Lösungen der Probleme sehen und anbieten zu können. Welchen Sinn hätte sonst meine Begabung gehabt? Die Anwesenden wünschten immer öfter Einzelmeditationen mit mir, die wir als Sitzung bezeichneten. Mit Vertrauen und viel Geduld arbeitete ich mich immer tiefer in diese Aufgabe ein. Für immer mehr Menschen wurde mein Sehen eine grosse Hilfe. Nur meine eigenen Körperkräfte verminderten sich von Tag zu Tag, doch die Faszination meiner Arbeit hielt mich über Wasser. Ich hatte das Gefühl, «hier und dort» zu leben. Ich war nun bereit, unter allen Bedingungen dem nachzukommen, was ich als meine Aufgabe erkannt hatte.
Es beeindruckte mich tief, wie natürlich sich die Leute mir gegenüber verhielten, und gerade dies war mir eine wichtige Hilfe.
Neugierig beobachtete ich meinen eigenen Werdegang. In fast jeder Meditation sah ich ein Lichtwesen. Allein durch seine Anwesenheit empfinde ich noch heute einen Schutz. Mir wurde oft gesagt, dass bei den Sitzungen ein starkes Energiefeld von mir ausgehe, welches seelische Erleichterung und Ent-

spannung bewirke. Ich schreibe diese Kraft dem Lichtwesen zu.
Ohne dass ich etwas dazu tat, suchten mich immer mehr Leute auf. Ich kannte lediglich ihre Namen. Dann versetzte ich mich in Halbtrance, und ohne vorher mit diesen Menschen gesprochen zu haben, konnte ich ihre Vergangenheit, Gegenwart und Zukunft sehen. Behutsam machte ich sie auf Besonderheiten in ihrem Leben aufmerksam und gab ihnen Ratschläge mit auf den Weg, die zur Lösung der jeweiligen Probleme führen konnten.
In meinem tranceähnlichen Zustand meldeten sich immer regelmässiger auch verstorbene Angehörige, was mich von einem Weiterleben nach dem Tode überzeugte. Ich sah die Verstorbenen als nebelartige Gestalten, meistens umgeben von hellem Licht und Farben. Sie zeigten immer grosse Freude, sich mitteilen zu können.
Doch es stimmte mich sehr traurig, dass sich die Leute, mit denen ich diese Erfahrungen hatte, aus Angst vor ihren Mitmenschen darüber ausschwiegen. Praktisch niemand brachte den Mut auf, in der Öffentlichkeit zu dem zu stehen, was er mit mir in einer Sitzung erlebt hatte. Wiederum fühlte ich mich allein gelassen, wusste aber, dass der Tag kommen würde, an dem ich nicht mehr zu schweigen hätte. Noch heute bin ich froh darüber, dass ich bis zu diesem Zeitpunkt keine esoterischen Bücher gelesen hatte. Unvoreingenommen und unbeeinflusst konnte ich mich meiner Arbeit hingeben.

Später fand ich in solchen Büchern meine Tätigkeit als Hellsehen beschrieben, aber diese Benennung kümmerte mich wenig.
Hier möchte ich auch noch erwähnen, dass Hellsehen keine Wahrsagerei ist. Wahrsager verbreiten oft Angst, weil sie lediglich feststellen, ob etwas als Glück oder Unglück kommen wird. Zwischen Glück oder Unglück liegen aber noch Welten von Hilfsmöglichkeiten, die es aufzudecken gilt. Leider sind Wahrsager selten in der Lage, das, was zwischen Gut und Böse ist, zu sehen, oder zur Lösung eines Problems beizutragen. Mit der gefährlichen Aussage: Da ist Unglück, werden verängstigte Menschen noch mehr in Angst und Verzweiflung getrieben.
Ich persönlich mache sehr selten Aussagen über die Zukunft. Es ist das Anliegen der geistigen Welt, den Menschen hilfreich zur Seite zu stehen, ohne ihren freien Willen zu beeinflussen. Es ist nur dann verantwortbar, mögliche Zukunftsentwicklungen aufzuzeigen, wenn diese sich durch das Handeln und den freien Willen beeinflussen lassen.
Was passiert beim Hellsehen? Im tranceähnlichen Zustand erweitert sich das Bewusstsein. Denselben Vorgang erlebt man auch im Schlafzustand, wenn der Verstand ausgeschaltet ist. Der Unterschied zwischen Schlaf und Trance besteht darin, dass in der Trance das Bewusstsein aktiv bleibt. Durch das Meditationstraining wird lediglich der Verstand zur Ruhe gebracht. Während wir die normale physische Wirklichkeit mit den fünf Sinnen wahrnehmen und

mit dem Verstand begrifflich in unser Weltverständnis einordnen, kann das höhere Bewusstsein (über das wir alle verfügen) in der Meditation oder der Trance auch andere Wirklichkeiten oder Dimensionen wahrnehmen, die genau so real und existent sind wie die uns geläufige physische Dimension. Die Schranken von Zeit und Raum fallen in diesen anderen Dimensionen (die wir im erweiterten Bewusstseinszustand der Meditation oder Trance erleben) weg, so dass wir in die Vergangenheit wie in die Zukunft «sehen» können. Hellsehen ist nichts Aussergewöhnliches und hat nichts mit undurchsichtigen Kräften oder mit Magie zu tun. Hellsehen ist eine natürliche Begabung wie Dichten oder Musizieren, die auch trainiert werden muss.

Wie ich schon andeutete, war ich nach jeder Sitzung körperlich stark geschwächt. Begleiterscheinungen waren heftige Kopfschmerzen, Übelkeit und Herzstechen. Die Herzbeschwerden waren teilweise so heftig, dass ich verschiedentlich einen Arzt aufsuchen musste. Organisch konnte jedoch nichts festgestellt werden. Es gab Zeiten, da ich so deprimiert war, dass ich mir ernstlich die Frage zu stellen begann, ob ich nicht aus gesundheitlichen Gründen die medialen Lebensberatungen aufgeben müsste. Je mehr ich aber erwog aufzugeben, um so heftiger meldete sich das Gefühl, weiter kämpfen zu müssen. Ich verringerte die Zahl der Sitzungen und nach monatelangem Kampf und körperlichem Leiden besserte sich mein Zustand wieder. Zu meinem Erstaunen stellte ich einmal mehr fest, dass ich durch den physisch durchgestandenen Kampf in meiner Entwicklung wieder ein Stück voran gekommen war. Das äusserte sich dahin, dass ich eines Tages in den Sitzungen keine Bilder mehr sah. (Was ich vorher gesehen hatte, kann man sich wie deutliche Traumbilder vorstellen, die sich aber auf die Wirklichkeit der jeweils vor mir sitzenden Person bezogen).

Dieser Tag bleibt mir unvergesslich, als es einfach aus mir heraus zu sprechen anfing. Ich musste nicht mehr die Bilder in Sprache umsetzen. Mit dieser neuen Art von «Sehen», die noch perfekter war, traten meine körperlichen Beschwerden immer seltener auf, bis sie schliesslich gänzlich verschwanden. Das Sehen von Bildern bedeutete für mich Empfangsbereitschaft auf einer bestimmten, und Wiedergabe auf einer anderen Frequenz. Das Wegfallen der Bilder, also wenn es einfach aus mir sprach und meine Stimme benützt wurde, empfand ich als Direktschaltung; nichts musste mehr übersetzt werden.

An einem herrlichen Frühlingstag besuchte mich eine Dame, die mich um eine Sitzung bat. Nebst Problemen mit einem noch schulpflichtigen Kind wollte sie auch erfahren, wie es ihrem Mann ginge, der vor fast fünf Jahren verstorben war. Es dauerte nicht lange, bis ich seine Schwingungen in meinem Körper fühlte. Ein eigenartiges Gefühl der Traurigkeit überkam mich, und ich erschrak zutiefst über das plötzliche Empfinden einer Lähmung in meinen Beinen. Krampfhaft versuchte ich, sie zu bewegen, doch ohne Erfolg. So liess ich es geschehen. Als ich mich etwas gefasst hatte, sprach er durch mich mit männlicher Stimme: «Mein Name ist Hans, meine Freunde nannten mich Hänsel». Er begrüsste seine mir gegenübersitzende Frau und bedankte sich, sprechen zu dürfen. Sie allein wisse, fuhr er fort, dass er seine Lebensaufgabe darin gesehen habe, viel zu arbeiten und sich nichts zu gönnen, damit es seinen Kindern besser ginge als ihm in seiner harten Jugendzeit. Sie erinnere sich bestimmt, sprach er weiter, wie streng er gearbeitet und gespart habe. Noch immer leide er darunter, dass ausgerechnet er, der seines Wissens nie etwas Böses getan habe, diese Krankheit bekommen musste und seine letzten neun Lebensjahre mit gelähmten Beinen im Rollstuhl habe verbringen müssen. Dann sagte er, er würde Hilfe brauchen, er sähe nichts als Dunkelheit um sich und fände keinen Weg. Doch nun sei er voller Hoffnung, dass es ihm bald besser gehen werde.

Er redete noch von unbewältigten Begebenheiten aus seiner Kindheit. Dann trat während Minuten Stille ein, eine Stille, die fast zu schmerzen schien. Die mir gegenübersitzende Frau war tief erschüttert. Sie sagte, dass sie nicht begreifen könne, warum ihr Mann nicht glücklich sei. Er wäre doch ein guter Mensch gewesen, und sein Leben habe nur aus Arbeit und Aufopferung für andere bestanden. Plötzlich ging von mir eine grosse Ruhe auf die Frau über, als mein Helfer zu sprechen begann. Zitat: Das Leben auf der Erde dient den Menschen vor allem zur Weiterentwicklung. Es ist die Pflicht eines jeden, sich nicht nur materielle, sondern auch geistige Werte zu beschaffen. Die Verantwortung für das eigene Leben ist ebenso gross wie diejenige gegenüber dem Leben unserer Mitmenschen. Hans hatte die Verantwortung für sein eigenes Leben nicht erkannt. Wahre geistige Werte erarbeiten wir uns nur, wenn uns die richtigen Beweggründe leiten. Nächstenliebe bringt nur dann geistigen Reichtum, wenn wir aus der ganzen Seele heraus etwas tun und nicht bloss aus dem Verstand, einem schlechten Gewissen oder aus einem gewissen inneren Zwang heraus. Die Begründung im Fall von Hans: «Weil ich eine freudlose und armselige Jugendzeit hatte, sollen meine Kinder es besser haben», entstammt einem seelischen Zwang. Wenn man nicht tiefere Überlegungen macht, ist dieses wohl sehr schwer zu begreifen, weil die Absicht vom menschlichen Denken her gutgemeint ist. Die positiven Aspekte seiner nicht zufälligen schweren Jugendzeit verstehen und akzeptieren zu lernen, und aus diesem Verständnis heraus für sich und seine Familie zu sorgen, wäre seine Lebensaufgabe gewesen. Seine Lebenshaltung entstand aus gekränkten Erinnerungen. Er bemühte sich so sehr um den Erfolg seiner Kinder, dass sein Leben nur noch aus Erfolgszwängen bestand, was auch der Grund seiner Erkrankung war.

Welche Hilfe konnte die Frau ihrem Mann in der geistigen Welt zukommen lassen? Er hatte sie gebeten, für ihn zu beten. Beten in Form von Reden mit ihm, in Form von Bitten, dass auch andere Seelen ihm zu Hilfe kommen möchten. Richtig beten heisst, sich in Einklang bringen mit der reinsten Energie. Jeder Gedanke, jedes Gefühl und Wort ist Energie. Diese Energien senden wir bewusst oder unbewusst aus. Energien bewirken immer etwas, sie bringen Veränderungen. Darum ist ein bewusst gesprochenes Gebet eine bewusst ausgesandte, zielgerichtete Energie, die sich immer hilfreich auswirkt.
Es wurde schon viel über die Macht der Gedanken geschrieben. Innige Gedanken, die man sammelt und dann bewusst aussendet, sind gebündelte Energieströme, die in allen Dimensionen wirksam werden können. Die Formulierung und Bildung von Gedanken, Worten, Gefühlen ist nach dem Gesetz von Ursache und Wirkung Energie, die dem Erzeuger oder anderen Nutzen bringt. Es ist wichtig, sich klarzumachen, dass diese Gesetzmässigkeit nicht nur für das Leben auf unserem Planeten gilt, sondern sich durch alle Dimensionen hindurch auswirkt. Der Fluss der Energien ist unbegrenzt, begrenzt ist nur das menschliche Denken.
Noch ein anderes Beispiel aus meiner Hellseh-Praxis, das für Sie, liebe Leser, ebenso überraschend sein wird, wie es für mich war. Eines Tages rief mich eine 28 jährige Mutter von zwei Kindern an. Sie bat um eine Hellsehsitzung, da sie grosse, ihr unver-

ständliche Probleme habe. Ohne weitere Angaben ihrerseits versetzte ich mich in den üblichen, tranceähnlichen Zustand. Sofort sah ich, dass sie vor zwei Jahren plötzlich zu trinken angefangen hatte, und sich jeden zweiten Tag betrank. Ihre zwölf Jahre alte Tochter musste sie des öftern nach Mitternacht vom Restaurant nach Hause führen. Ich sagte ihr das aus der Trance heraus, und darauf hin erzählte sie mir, sie würde wie getrieben und fühle sich einer Kraft ausgeliefert, gegen die sie machtlos sei. Die arme Frau weinte, machte sich grosse Vorwürfe, weil man ihr drohte, von Amtes wegen die Kinder wegzunehmen. Der ganze Zustand war ihr unerklärlich, und sie beteuerte, früher nie getrunken zu haben.

Plötzlich fühlte ich in meinem Körper den schon beschriebenen Ruck, worauf sich dann ein verstorbener Onkel von ihr, mit Angabe seines Namens, meldete. Sie erinnerte sich sofort an ihn. Vor zwei Jahren war er in betrunkenem Zustand bei einem Verkehrsunfall tödlich verunglückt. Er behauptete nun aber, nicht tot zu sein! Er habe grosses Verlangen nach Alkohol, aber er könne ihn nicht finden. Also habe er seit längerer Zeit versucht, über seine Nichte Hilfe zu bekommen, und er hätte sie doch schon sehr oft gebeten, ihm Alkohol zu besorgen. Ich fühlte, dass mein Trancezustand sich wesentlich vertiefte, bevor ich mit ihm zu reden begann. Ich bat ihn, die Frau in Ruhe zu lassen und erklärte ihm, dass er tot, also in körperlosem Zustand sei. Wir versprachen ihm Hilfe in Form von Gebeten und konnten ihn nach langem Reden überzeugen, dass es ihm bald besser gehen würde, da auch noch zusätzliche Hilfe aus der geistigen Welt ihm zufliessen werde. Von diesem Tag an war die Frau, und zwar auf Dauer, geheilt. Die ärztliche und psychiatrische Behandlung konnte abgebrochen werden.

Viele Sitzungen zeigen immer wieder auf, dass manche, wenn sie plötzlich, völlig unvorbereitet und in gewissem Sinne unbewusst gestorben sind, sich nicht klar machen können, dass sie in die jenseitige Dimension hinübergegangen, also nach unserem Sprachgebrauch tot sind. Religionen sprechen dabei von «umherirrenden Seelen». Wen dies näher interessiert, kann ich auf das Buch : «30 Jahre unter den Toten» von Dr. med. Carl Wickland, Otto Reichl Verlag, verweisen.

Wahrscheinlich gibt es Leser, denen hier der Gedanke an Gott kommt. Es gibt genug Religionen und theologische Theorien, die versuchen, Gott zu definieren. Ich will mich zu den Konfessionen nicht äussern. Persönlich glaube ich an das Göttliche und daran, dass wir ausnahmslos alle auf dem Heimweg zu diesem Göttlichen sind. Um so wichtiger erscheint es mir, sich im wahren Menschsein immer wieder neu zu üben, die geistigen Welten verstehen zu lernen und die inneren Sinne (Intuition, Gefühl) zu entwickeln. Das Erkennen- und Erfassenlernen der geistigen Welten gehört zu den wichtigsten Stufen,

die hinführen zu dem, was wir als Gott oder göttliches Prinzip bezeichnen.
Was aber heisst: Wahres Menschsein üben?
Leider wissen viele Menschen nicht, wie sie es angehen sollen, sich im Menschsein zu üben, sich geistige Werte zu erarbeiten. Stellen Sie sich vor, liebe Leser, wie verändert unsere Welt sein könnte, wenn wir:

- Vom anderen nicht mehr erwarten als von uns selbst und ihm alles gönnen, was man sich selbst wünscht.
- Uns grundsätzlich verbieten, über andere schlecht zu reden und statt andere zu be- und verurteilen die eigenen Schwächen aufspüren.
- Weniger dem Selbstmitleid verfallen und die Gedanken nicht unkontrolliert ins Negative ausschweifen lassen würden, denn schlechte Gedanken (negative Energien) können bei einem selbst und bei anderen nur Schlechtes bewirken.
- Bewusst versuchen, bei der Begegnung mit anderen Menschen Liebe auszustrahlen. Auch wenn wir dies nicht in Worten zum Ausdruck bringen, werden wir erstaunt sein, wie bald wir eine positive Resonanz erfahren werden.

All das wäre möglich, wenn wir intensiver, aufmerksamer, wacher leben würden. Der Alltag bietet viele Möglichkeiten, sich darin zu üben, bewusster zu leben, also Menschen und Dinge bewusster wahrzunehmen und alles Tun bewusster zu tun. Daran fehlt es, wenn ich – ein einfaches Beispiel – meine Brille häufig nicht wiederfinde, weil ich sie gedan-

kenlos verlegt habe. Dieses alltägliche Beispiel mag banal klingen, steht aber für viele andere, die den Unterschied zwischen Gedankenlosigkeit und Bewusstheit ausmachen.
Auch über das Bewusstsein wird viel geschrieben. Ich erlebe das höhere Bewusstsein als eine Gewissensform, die mich zwingt, immer wieder über mein Leben nachzudenken. Diese Gewissensform wird von geistigen Helfern beeinflusst, ohne den freien Willen zu beeinträchtigen. Wenn man zum Beispiel die innere Reife hat, sich für eine Sache zu entscheiden, unterlässt dies aber aus Gründen der Bequemlichkeit oder des nicht Erkennenwollens, wirkt die negative Erfahrung ausgleichend und zwingt uns zu der oft ausgesprochenen Erkenntnis: «Hätte ich nur auf mein Gefühl gehört, dann wäre ...»
Doch zurück zum Hellsehen! Aus der Erfahrung meiner Sitzungen in Halbtrance möchte ich noch betonen, dass die Ratschläge und Hilfen, die ich aus der Hellsichtigkeit heraus gebe, den Besucher von nichts und niemand abhängig machen. Er bleibt frei in seinen Entscheidungen und seiner religiösen Überzeugung.
Das geistige Gesetz ist unabhängig von Religion und Weltanschauung und hat seine Gültigkeit für alle Menschen. Mein geistiger Helfer, von dem im nächsten Kapitel die Rede ist, achtet darauf, dass ich keine Informationen über zukünftige Entwicklungen oder Möglichkeiten weitergebe, wenn dadurch der freie Wille des Besuchers eingeschränkt würde.

Die geistigen Helfer

Immer, wenn ich in diesem Buch von der geistigen Welt spreche, meine ich vor allem jene Helfer, die in der geistigen Welt zu Hause sind und in vielfacher Weise in unser Leben eingreifen. Sie sind frei von dem grobstofflichen Körper des Menschen und daher unabhängig von Zeit und Raum, können also zum Beispiel das Geschehen an verschiedenen Orten gleichzeitig verfolgen und sowohl in die Vergangenheit wie in die Zukunft schauen. Sie verfügen über ein höheres Wissen und ein höheres Bewusstsein als wir Menschen.

Diese Geistwesen leben in Dimensionen des Lichts. Sie lieben uns Menschen, führen, beschützen und leiten uns, wie ich in vielen Sitzungen erfahren durfte. Durch die Erfüllung dieser Aufgabe entwickeln auch sie sich weiter. Viele von ihnen haben sich in einem oder mehreren Erdenleben eine hohe Entwicklungsstufe erarbeitet und vervollkommnen sich dadurch, dass sie den Menschen auf dieser Erde oder aber Geistwesen in anderen feinstofflichen Dimensionen helfen, sich höher zu entwickeln. Daneben gibt es auch solche, die nie die körperliche Gestalt des Menschen angenommen haben.

Jeder Mensch hat eine geistige Führung, das heisst, ein oder mehrere Helfer in der geistigen Welt. Den meisten Menschen ist dies nicht bewusst, weil sie nur jenen kleinen Ausschnitt der Gesamtwirklichkeit in ihr Bewusstsein hereinlassen, der mit den äus-

seren Sinnen erfahrbar und mit dem Verstandeswissen erfassbar ist. Viele allerdings haben gelegentlich das Gefühl, intuitiv Hilfe bekommen zu haben – einen Fingerzeig, eine rettende Idee, eine hilfreiche Eingebung –, ohne zu wissen, woher die Hilfe kam. Das Wissen um die geistige Führung hängt von der errungenen Stufe des Bewusstseins ab. Theoretisch ist jeder Mensch in der Lage, Kontakte mit diesen geistigen Helfern herzustellen. Etwa so, wie auch jeder Mensch theoretisch imstande ist, Klavier spielen zu lernen. Im Zustand des Schlafes, also unbewusst, haben alle Menschen Kontakt mit ihrer geistigen Führung. Die grössten menschlichen Feinde, nämlich Angst, Zweifel und Misstrauen, hindern den Menschen meistens daran, die Kanäle, die in diese Dimension führen, zu öffnen. Dass sie aber geöffnet werden können, beweisen die langjährigen Erfahrungen mit Menschen, die den Zugang zu ihren geistigen Helfern in meinen Meditationskursen bewusst gefunden haben.
Selbst die jenseitigen Helfer wünschen sich sehr, dass ihre Schutzbefohlenen geistigen Kontakt mit ihnen aufnehmen, Gedankenaustausch pflegen, in der Meditation mit ihnen sprechen; denn dann können sie ihnen in viel wirksamerer Weise Hilfen zukommen lassen.
Ein berühmtes geschichtliches Beispiel eines Menschen, der in Kontakt mit der geistigen Führung lebte, ist der griechische Philosoph Sokrates. Er selbst sprach von der «durch Gottes Fügung ihm zugeteil

ten Stimme», auf dessen Führung er sich restlos verliess. Sie nahm ihm nie die freie Entscheidung und drängte ihn selten, etwas Bestimmtes zu tun, warnte ihn aber stets vor falschen Handlungen und Gefahren. Der geistige Helfer in seinem Innern versetzte ihn auch in die Lage, anderen zu raten. So berichtet Xenophon: «Vielen seiner Freunde riet Sokrates, dieses zu tun, jenes zu unterlassen, weil die Gottheit ihm ein Zeichen gegeben habe. Und denen, die ihm folgten, gereichte es zum Vorteil; die anderen, die ihm nicht folgten, hatten es zu bereuen». Allen Berichten nach war Sokrates ein Meister der Entspannung und Meditation. Er konnte jederzeit in die Stille gehen, um die innere Stimme zu hören.
Auch in der geistigen Welt gibt es eine Stufenhierarchie der Bewusstseinsebenen. Die Geistwesen gehören ganz unterschiedlich hohen Dimensionen an, wie auch die Menschen sich in ihrem Bewusstseinsgrad, ihrer seelischen Reife sehr voneinander unterscheiden. Ein Mensch auf dieser Erde – und dazu muss er nicht gleich ein Heiliger sein – kann als geistiges Wesen, das er ja auch immer ist, einer höheren Dimension angehören als die Seele eines Verstorbenen, die im Dunkeln irrt. Deshalb können wir Menschen durch unsere Gedanken und Gebete verstorbenen Freunden und Verwandten helfen, sich bewusstseinsmässig weiter zu entwickeln und ins Licht zu gelangen. Gelegentlich suchen Verstorbene, die noch im Dunkeln sind, weil sie irgend einmal Schuld

auf sich geladen haben, verzweifelt Hilfe bei uns Menschen.
In einer meiner Trancesitzungen meldete sich weinend ein verstorbener Verwandter meines Besuchers, der nicht im Licht war und gestand, dass er von Zeit zu Zeit bei diesem Besucher Hilfe suche. Ich sah dann, dass dieser Besucher von einer wiederkehrenden, für ihn ganz unerklärlichen Traurigkeit befallen wurde. Er bestätigte mir dies und sagte, dass diese Traurigkeit häufig so unvermittelt komme wie sie wieder verschwinde, und dass er sich in einem solchen Fall gelegentlich selbst frage, wie lange denn dieses Mal die bedrückende Stimmung anhalten würde. Mein Geisthelfer erklärte, dass das Schwingungsfeld des Hilfesuchenden dem Besucher sehr nahe komme, und so die «grundlose» innere Traurigkeit ausgelöst werde, was als ein Störfeld im Energiekreislauf des Betreffenden bezeichnet werden kann. Als mein Helfer dann der unglücklichen Seele versicherte, ihr werde geholfen, bedankte sie sich in rührender Weise und verabschiedete sich. Gleichzeitig wurde mein Besucher auf diese Weise von der inneren Belastung frei.
An dieser Stelle muss ich noch auf den wichtigsten Helfer jedes Menschen eingehen, der auch Torhüter genannt wird. Ihm fällt eine ganz spezielle Wächterfunktion zu, meist für die Dauer einer bestimmten Entwicklungsstufe des betreffenden Menschen. Natürlich gesellt sich einem Menschen mit höher entwickeltem Bewusstsein auch jeweils ein Torhüter

bei, der auf einer entsprechend hohen Stufe steht, um ihn entwicklungsmässig emporheben zu können. Der Torhüter überwacht seine geistig-seelische Entwicklung und verhindert, dass die Erfahrungen des Lebens ihn zu sehr vom Ziel abbringen. Gleichzeitig regelt er den Zugang anderer Helfer.
Während der vielen Sitzungen, in denen ich Einblick in die geistige Welt nehmen konnte, habe ich immer wieder erfahren, dass sie dem einzelnen Besucher so viel vermittelt, wie er kraft seines Bewusstseinsstandes aufnehmen kann und zu verstehen, zu akzeptieren und zu verarbeiten in der Lage ist. Je nach dem entwickelten inneren Verständnis, das jemand für die Existenz der geistigen Welt mitbringt, kann einem Hilfe nicht nur für die Nöte des Alltags, sondern auch für den spirituellen Weg zuteil werden.

Besonders glücklich bin ich, wenn ich dem Besucher seinen persönlichen geistigen Führer nennen kann. Wenn er sich anschliessend in seinen Meditationen bemüht, den Kontakt herzustellen, kann er nach einiger Zeit das Organ, die Antenne dafür entwickeln, die Anwesenheit des geistigen Helfers zu empfinden, seine besonderen Schwingungen zu fühlen und Gedanken mit ihm auszutauschen. Und je nach dem Grad des inneren Fortschritts ist es möglich, den geistigen Helfer in der Meditation auch zu sehen.
Ich habe schon an anderer Stelle die Schwierigkeiten auf meinem bisherigen Entwicklungsweg geschildert. Heute bin ich sehr dankbar, dass mir mein gei-

stiger Helfer in allen Trancesitzungen, die ich meinen Besuchern gebe, zur Seite steht. Er achtet zum Beispiel darauf, dass die Sitzungen, die mich noch immer anstrengen, gesundheitlich nicht überfordern. Er bestimmt in aller Regel auch die Länge einer Sitzung und verlangt, dass ich sie abbreche, sobald mir z.B. ein zu langer Trancezustand gesundheitlich schaden könnte.

Bewusstes Sterben

Als ich neunzehn Jahre alt war, entschloss ich mich, während der Dauer eines Jahres als Hilfsschwester in einem Krankenhaus zu arbeiten. Das nun folgende Erlebnis hat mich so tief berührt, dass ich es nie mehr vergessen werde.

Ich hatte gerade Mittagsdienst und war allein auf der Abteilung. In einem Zimmer lag seit sechs Monaten eine ältere Frau im Koma. Während dieser ganzen Zeit hatte sie nie ein Lebenszeichen von sich geben können. Ihr Körper war gelähmt, nur das Herz schlug. Alle waren überzeugt, dass diese Patientin nichts mehr wahrnehmen könne.

Leise öffnete ich ihre Zimmertüre, um nachzusehen, ob alles in Ordnung sei. Ich erschrak, als ich eine Veränderung ihrer Gesichtsfarbe wahrnahm, und rief voller Angst den diensthabenden Arzt an. Er war schnell zur Stelle und liess mich unverzüglich die Angehörigen der Patientin benachrichtigen, da es dem Ende entgegen gehe. Zwei Töchter und ein Sohn fanden sich bald ein. Die Patientin rührte sich nicht, nur ihr Atem ging schneller. Immer noch hatte ich das Gefühl, dass sie völlig bewusstlos sei. Der Arzt entfernte sich mit der Erklärung, es könnte noch einige Stunden dauern, und er käme später wieder vorbei. Wie mir schien, waren die Angehörigen teilnahmslos, eher froh, dass die über sechs Monate dauernde Leidenszeit bald ein Ende haben würde. Plötzlich unterhielten sie sich im Zimmer der

Sterbenden über die bevorstehende Erbschaft. Ich erstarrte fast zu Stein und war unfähig, ein Wort von mir zu geben. Als zwei Geschwister sogar zu streiten anfingen, stellte ich zu meinem Entsetzen fest, dass der Sterbenden Tränen über die Wangen liefen. Sie weinte. Mein Gott, sie weinte! Dann machte sie einen tiefen Atemzug und schied dahin. Ich glaubte zu ersticken. Ich rannte auf mein Zimmer und weinte stundenlang.

Viel Zeit musste vergehen, bis ich mich wieder beruhigte. Dieses Erlebnis, das ich schrecklich und unmenschlich fand, und die vielen weiteren furchtbaren Todeskämpfe von Menschen, die nicht sterben wollten, waren für mich ein Anstoss, mich mit der Frage nach dem Sterben auseinanderzusetzen.

1971 fuhr ich als Beifahrerin in einem Auto von Bern nach Luzern. Etwa auf halber Strecke kollidierte ein Motorrad frontal mit unserem Wagen. Mit Verletzungen im Gesicht und am Kopf lag ich bewusstlos am Boden. Glücklicherweise kam schnell ärztliche Hilfe. Bewusstlos wurde ich ins Krankenhaus eingeliefert.

Als ich erwachte, erzählte ich der Schwester ganz unbefangen jeden einzelnen Vorgang des Geschehens am Unfallort (provisorisches Schliessen der Kopfwunde etc.). Die Frage der Schwester: «Woher wissen Sie denn das, Sie waren doch bewusstlos?» verunsicherte mich, und ich redete mich mit der Entschuldigung heraus: «Ich glaube, ich habe das geträumt!»

Woher ich dieses Wissen tatsächlich hatte, konnte ich mir damals noch nicht erklären. Die Aufklärung erhielt ich später durch meine Hellseh-Sitzungen.

Jeder Mensch hat um den physischen Körper herum ein Energiefeld, das ich im tranceähnlichen Zustand sehen kann: Es ist etwa 5 Zentimeter dick und hat eine bläuliche Farbe. Dies ist der sogenannte Ätherkörper. In ihm eingebettet liegen die «geistigen Organe» oder Energiezentren des Menschen, die von den Indern «Chakras» genannt werden. Diese Energiezentren sind wie der ganze Ätherkörper feinstofflich und deshalb normalerweise für das menschliche Auge unsichtbar. Alle Energiezentren nehmen Schwingungen auf und geben solche ab.

Neben dem physischen und dem Ätherkörper hat der Mensch einen sogenannten Astralleib. Er gleicht in Aussehen völlig dem physischen Körper und nimmt den gleichen Raum ein, entspricht ihm also in allen Einzelheiten, ist jedoch feinstofflich, d.h. er besteht aus einer nebelartigen Materie. Im tranceähnlichen Zustand sehe ich Verstorbene als Astralkörper und kann von ihnen wegen der Ebenbildlichkeit mit dem physischen Körper eine Personenbeschreibung geben.
Während wir die Organe des physischen Körpers durch Nahrungsaufnahme in Funktion halten, lebt der Astralkörper von kosmischen Energien, die er über die Energiezentren oder Chakras aufnimmt.

Diese doppelte Nahrungsaufnahme ist die Voraussetzung für Gesundheit und Wohlbefinden.
Der Astralkörper ist durch eine Art Nabelschnur, häufig Silberschnur genannt, mit dem physischen

Feinstoffliche Energiezentren

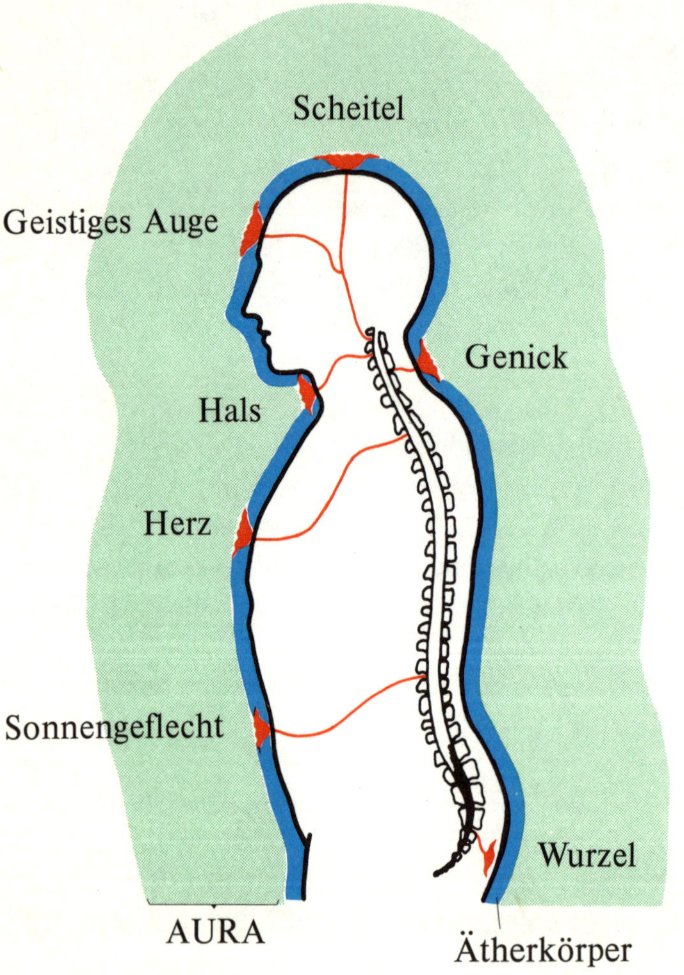

Körper verbunden. Diese Schnur ist unendlich dehnbar, so dass der Astralkörper den physischen im Schlaf verlassen kann, ebenso in Trance oder während einer Astralreise. Vielleicht sind Sie schon einmal beim Einschlafen durch ein unangenehmes Fallgefühl wieder wachgeworden. Die Ursache kann darin liegen, dass Ihr Astralkörper gerade im Begriff war, sich von Ihrem physischen Körper ein wenig zu lösen. Da Sie noch nicht im Tiefschlaf waren, konnte er durch ein unbewusst aufgenommenes Geräusch automatisch in den Körper zurückgezogen worden sein. Dieses Zurückziehen erlebt man als Fallgefühl.

Der physische Körper kann nicht ohne Verbindung mit dem Astralkörper leben. Mit der Trennung der Silberschnur tritt der Tod ein. Aber der Astralleib, der Sitz oder Träger von Geist, Seele und Bewusstsein, lebt in einer für unsere normalen fünf Sinne nicht wahrnehmbaren Dimension weiter.

Auch die Aura, die Ausstrahlung des Menschen, ist in der Halbtrance für mich sichtbar. Die Aura erscheint wie eine Lichthülle des Körpers, geht besonders stark von Kopf und Händen aus und ist individuell verschieden. Von der Gestalt, der Stärke und der Farbgebung der Aura lassen sich charakterliche und gesundheitliche Besonderheiten ablesen. Auch ist die Aura des Menschen veränderlich, ihr Farbenbild wechselt je nach Stimmung, Seelenregung und Aktivität.

All dies habe ich durch meine Hellseh-Sitzungen und die damit verbundenen Kontakte als Gewissheit erfahren. Als ich anfänglich diese Dinge in der Halbtrance sah und erlebte, hatte ich grosse Mühe, sie als Tatsachen zu akzeptieren. Zweifel des Verstandes nagten an mir und raubten mir jahrelang viel Kraft, bis ich mich nach mancherlei Verwirrung und Widerstreben schliesslich damit abfand, dass Äther- und Astralkörper so «wirklich» sind wie der physische Leib.

Nach und nach ist mir dann auch klar geworden, dass sich bei meinem Unfallschock mein Astralkörper von meinem physischen Körper gelöst haben muss. Auch der beschriebene Komazustand der Patientin war die Folge des Austrittes ihres Astralkörpers. Nicht durch das Austreten, sondern, wie schon gesagt, nur durch die Trennung der Silberschnur tritt der menschliche Tod ein.

Die Erfahrungen im Krankenhaus und mein Unfallerlebnis bestätigten mir, dass der Mensch fähig ist, ausserhalb seines normalen Wachbewusstseins zu empfinden und zu sehen. Im Koma, bei Ohnmacht oder im Schlaf können Astralaustritte erfolgen. Manche Menschen können auch willentlich Astralreisen herbeiführen.

Da nur wenige die Fähigkeit besitzen, den Astralkörper zu sehen, gibt es immer wieder Menschen, die seine Existenz abstreiten. Meine Besucher lassen sich in den Hellsehsitzungen jedoch zumeist überzeugen, wenn ich die feinstofflichen Körper ihrer verstorbenen Verwandten oder Bekannten sehe und zu beschreiben in der Lage bin. Dass etwas nur unter bestimmten Bedingungen sichtbar ist, macht es nicht weniger real. Vergleichbar wäre die physikalische Tatsache, dass sich weisses Licht in die sogenannten Spektralfarben auffächert. Sie sind immer vorhanden, in freier Natur können wir sie jedoch nur bei bestimmten Wetterverhältnissen als Regenbogen sehen. Dennoch behauptet niemand, wenn es nicht regnet und kein Regenbogen am Himmel steht, so etwas wie einen Regenbogen gäbe es nicht.

Einige Künstler früherer Jahrhunderte müssen hellsichtig gewesen sein, sieht man doch oft auf ihren Bildern Astralkörper, die einen menschlichen Körper verlassen. Die Heiligenscheine finden ihre Erklärung durch die Aura, haben doch aussergewöhnliche Menschen eine besonders starke Ausstrahlung. Heute kann man bereits mit Hilfe der Kirlianfotografie gewisse unsichtbare Strahlungen des Körpers wiedergeben. Vielleicht wird es eines Tages möglich sein, mit verfeinerten Geräten auch die Aura des Menschen für das gewöhnliche Auge sichtbar zu machen.

Vor dem Sterben haben die meisten Menschen Angst – wie vor allem, was sie nicht kennen. Durch die Entwicklung unseres Bewusstseins und mit Hilfe der geistigen Welt kann die Sterbeangst überwunden werden. Es gehört zu den Aufgaben unseres Lebens zu lernen, dem Tod ohne Furcht entgegenzusehen

und bewusst und wissend zu sterben. Aber ausgerechnet den Tod, diese wichtige Tatsache unseres Lebens, verdrängen viele.
In Sitzungen habe ich erfahren, dass sich der feinstoffliche Körper noch etwa drei Tage lang in der Nähe des Toten aufhält. Dies könnte ein tieferer Grund dafür sein, dass Tote traditionsgemäss nicht vor Ablauf von drei Tagen beerdigt werden. Verstorbene teilten mir auch immer wieder mit, dass Freunde und Verwandte ihnen beim irdischen Ableben den Weg gewiesen und ihnen beigestanden hätten, bis sie sich in den feinstofflichen Dimensionen zurechtfanden. Aber diese Hilfe kann uns nur zuteil werden, wenn wir uns davor nicht verschliessen.
Immer wieder mache ich auch die Erfahrung, dass Verstorbene unsere Traurigkeit nicht verstehen können. Sicher ist der Tod eines Menschen für die Zurückgebliebenen immer ein schmerzlicher Verlust. Wenn wir aber durch unsere Trauer gefühlsmässig und gedanklich über Jahre hinweg die Verstorbenen nicht loslassen, hindern wir sie an ihrer Weiterentwicklung. Immer wieder wird betont, dass ein bewusst erlebtes Sterben nichts Schreckliches an sich hat und dem bewussten Erleben einer Geburt vergleichbar ist. Der Tod ist in dem Sinne eine Wiedergeburt. Himmel, Hölle und Fegefeuer sind symbolische Ausdrücke für die erarbeitete Bewusstseinsebene. In zahlreichen persönlichen Kontakten mit Verstorbenen ist mir durch ihre Äusserungen klargeworden, dass zum Beispiel längst nicht jeder

Selbstmörder in der «Hölle» und nicht jeder Pfarrer im «Himmel» endet. Mit solchen Vorstellungen sollte endlich aufgeräumt werden.
Das Leben und das Lernen geht nach dem Tod weiter. In diesem Zusammenhang verweise ich auf das Buch von Herbert H. Engel mit dem Titel «Der Spärenwanderer», erschienen im Ansata Verlag. Herbert Engel hat viele bewusste Astralreisen gemacht und schildert in seinem Buch in einfacher, verständlicher Sprache seine Erlebnisse in der Astralwelt. Auch dieses Buch kann mithelfen, die Angst vor dem Sterben abzubauen.
Wir haben ein Leben lang Zeit, uns auf den Tod vorzubereiten. So wie wir leben, sterben wir. Wenn wir lernen, Egoismus, Habgier, Streit und Unwahrhaftigkeit zu überwinden, haben wir eine gute Chance, einmal bewusst und dennoch ohne Angst diese Welt zu verlassen. Unsere Fehler und Schwächen sollten uns nicht mutlos machen. Wir sollten einerseits zu ihnen stehen, sie als Teil von uns erkennen und annehmen, und andererseits unablässig an uns arbeiten, um sie zu überwinden.
Als ich meinem Mann einmal eine Sitzung gab, meldete sich ein uns beiden nicht bekannter Verstorbener. Er bat uns um Hilfe, aber bevor wir weitere Fragen stellen konnten, war der Kontakt abgebrochen. Weil ich auf mir unerklärliche Weise im Halbtrancezustand Angst gehabt hatte, versetzte ich mich zwei Tage danach in Volltrance. In diesem Zustand kann ich mich, im Gegensatz zur Halbtrance, an gar

nichts erinnern, und dies war mir in dem Fall lieber. Mein Mann schilderte anschliessend das Vorgefallene wie folgt:
Es dauerte zirka 5 Minuten, bis sich der Unbekannte meldete. Ich selber soll dabei mit einer tiefen Männerstimme gesprochen und mir sonst fremde und vulgäre Worte benutzt haben. Es seien noch andere mit ihm gekommen, sagte der Unbekannte. Willentlich hätte er in seinem Leben zwei Menschen getötet, und das Schlimmste sei, dass er seine Taten nicht bereuen könne. Dunkelheit umgäbe ihn nun, und seine Schmerzen seien unbeschreiblich. Mehr und mehr redete er sich in eine Wut hinein und begann, meinen Hals zu würgen. Mein Mann versprach, alles ihm Mögliche zu tun, worauf der Kontakt jäh abgebrochen wurde. Als ich wieder zu mir kam, hatte ich sichtbare Würgemale an meinem Hals und Schmerzen im ganzen Körper. Während einer Woche fühlte ich mich richtiggehend krank und schwor mir, mich nie mehr auf ein solches Experiment einzulassen. Erst nach zirka zwei Jahren – wir hatten den Vorfall längst vergessen – meldete der Unbekannte sich wieder. Voller Freude teilte er uns mit, dass er Licht zu sehen beginne und dankte uns für unsere Hilfe.

Aus anderen Sitzungsbegebenheiten weiss ich, dass es in der geistigen Welt Sphären gibt, in denen man «Qualen der Hölle» ausgesetzt ist. Die Qualen sowohl als auch die Freuden hängen wiederum von der Entwicklung des jeweiligen Bewusstseins, vom gu-

ten Willen und der persönlichen Einsicht ab.
Wenn wir diese Welt verlassen, nehmen wir alle erarbeiteten Erkenntnisse mit. Das geistige Kapital ist bestimmend für die Dimension, in die wir hineingelangen. Auch in der astralen Welt gibt es wieder ein Sterben. Jede Geburt ist gleichzeitig ein Tod, und jeder Tod ist eine Geburt. Unser ewiges, spirituelles Ich kennt kein Sterben. Was wir Sterben nennen, ist immer nur ein Schritt auf dem Weg unserer Entwicklung. Im Unbewussten haben wir alle Kenntnis vom Sterbevorgang, denn während des Schlafs hält sich der Astralkörper oft in anderen Dimensionen und Welten auf und trifft dort auf bekannte Verstorbene. Manchmal sagt man dann: «Ich habe letzte Nacht von X. geträumt. Seltsam, er ist doch schon lange tot!»
Sterben heisst, zu neuem Leben erwachen. Die Qualität dieses Lebens erarbeiten wir uns jetzt. Dass es ein Leben nach dem Leben gibt, zeigen die Kontakte mit Verstorbenen. Wir sind nicht mehr gezwungen, in der Ungewissheit zu tappen. Ich hoffe, dass diese Tatsache vielen Menschen helfen wird, die Angst vor dem Sterben zu verlieren.

Wie Teilnehmer die Hellseh-Sitzungen erleben

Natürlich ist das Erleben eines jeden Menschen individuell verschieden. Die meisten empfinden eine von mir ausgehende starke Energie, die sich beruhigend auf sie auswirkt und ihre oft vorhandene Nervosität behebt.
Stets von neuem begeistert mich die Tatsache, dass die geistige Welt ihre Anweisungen zur Lösung eines Problems immer der persönlichen Wesensstruktur der suchenden Person anzupassen und das zu Vermittelnde in der «Seelensprache» des Betreffenden zu formulieren weiss. In einer Atmosphäre des Vertrauens und des seelischen Gleichklangs kann ich so in meinen Sitzungen Mittler zwischen der geistigen Welt und der mir gegenübersitzenden Person sein.
Ich erlebe auch, dass Menschen aus reiner Neugierde zu mir kommen, was ich sofort verspüre. Neugierig sein ist an sich ja nichts Negatives. Neugierige aber, die nur auf eine Sensation aus sind, muss ich immer wieder enttäuschen, denn in solchen Fällen verweigert die geistige Welt jegliche Aussage. Es fällt mir dann jeweils die nicht leichte Aufgabe zu, die Betroffenen wieder nach Hause zu schicken. Menschen, die Sensationen suchen, finden diese in reicher Auswahl anderswo.
Ich erfasse beim Hellsehen die seelische Struktur meines Gegenüber und kann sie anhand leicht verständlicher Beispiele erklären, so dass mein Hellse-

hen eine Hilfe für alle menschlichen Probleme sein kann. Es spielt dabei keine Rolle, ob es sich um die Probleme von erwachsenen Personen oder von Kindern handelt. Auch in geschäftlichen Dingen kann eine Sitzung hilfreich sein, wenn es dem Interessierten nicht darum geht, andere zu betrügen und sich selber auf Kosten anderer zu bereichern. Auskünfte über Drittpersonen gebe ich grundsätzlich nicht, auch nicht, wenn es sich um verwandte Personen handelt.
Natürlich ist es nicht so, dass ich dem Besucher die Probleme abnehmen und sie für ihn lösen könnte. In Zusammenarbeit mit der geistigen Welt ist es mir aber möglich, Wege zur Lösung eines Konfliktes oder von Schwierigkeiten aufzuzeigen. Den Weg zu gehen ist dann Sache des einzelnen. Manchmal passt der von der geistigen Welt beschriebene Weg meinem Gegenüber im Augenblick nicht ins Konzept. So wie im Falle des Geschäftsmannes, bei dem ich sah, dass er aus beruflichen Gründen bald in ein anderes Land versetzt würde. Er war geradezu wütend und hielt meine Aussage für Unfug. Erst vor zwei Monaten sei er geschäftlich in die Türkei geschickt worden, und er hätte ganz sicher mindestens ein Jahr dort zu bleiben. Ich war froh, ihn wieder beruhigen zu können, auch wenn er meine Aussage, bei der ich blieb, nicht annehmen konnte. Drei Monate später erhielt ich von ihm eine Karte aus Brasilien. Es sei eben doch alles so gekommen, wie ich es gesehen hätte. Die Firma in der Türkei habe Kon-

kurs gemacht, woraufhin er versetzt worden sei. Dass diese Firma Konkurs machen würde, hatte mir die geistige Welt nicht mitgeteilt, wahrscheinlich wegen der Gefahr, dass sich der betreffende Geschäftsmann völlig falsch verhalten hätte. Ich bin aber überzeugt, dass die geistige Welt den ganzen Ablauf schon vorher genau überblickte.
Es gibt auch Fälle, bei denen die Hilfen der geistigen Welt nichts mehr zu ändern vermögen. Um dies zu veranschaulichen, schildere ich eine kurze Begebenheit.
Ein Mann suchte mich auf, der geistig derart krank war, dass für ihn jede Hilfe in diesem Leben zu spät kam. Mein Helfer unterrichtete mich davon. Der Kranke war vollgepumpt mit Medikamenten; er konnte seine Umwelt kaum noch wahrnehmen. Tröstende Worte und ehrliches Mitgefühl sind in einem solchen Fall die einzige Hilfe, die wahrscheinlich oft wirksamer ist, als man es verstandesmässig ermessen kann.
Der Besuch dieses Kranken war im übrigen einer der Fälle, in denen die geistige Welt ihre Mitwirkung auch dadurch zu erkennen gab, dass sie auf den physikalisch-chemischen Ablauf einer Tonbandaufzeichnung einwirkte. Hierzu muss man wissen, dass ich, wenn es gewünscht wird, alle während einer Sitzung gesprochenen Worte auf eine Kassette aufnehme, die der Besucher dann mit nach Hause nehmen kann. Dieses Mal wurde allerdings nichts aufgezeichnet, obwohl der Rekorder vor, während und

nach der Sitzung wie üblich eingeschaltet war. Dies geschah auch in anderen, ähnlichen Fällen, und zwar, wie ich herausfand, immer dann, wenn es der Geisteszustand des Sitzungsteilnehmers nicht mehr zuliess, dass er das Gesagte begriff. Obwohl das Gerät in diesen Fällen stets auf Aufnahme eingestellt war, kam kein Ton auf die Kassette. Zuerst vermutete ich einen Defekt des Rekorders. Da das Gerät aber bei anderen Sitzungen vorher wie nachher völlig einwandfrei funktionierte, konnte es sich nicht um Zufälle handeln.

Zu den Sitzungen insgesamt ist zu sagen, dass die geistige Welt alles daransetzt, keinen Teilnehmer im Zustand absoluter Verzweiflung von mir weggehen zu lassen. Diese Tatsache war für mich immer sehr beruhigend und half mir, meine Verantwortung leichter zu tragen.

Eines Tages suchte mich ein Mann auf. Ich sah in der Halbtrance, dass sich seine Frau vor einigen Wochen von ihm getrennt hatte und dass er unter schweren Depressionen litt. Seit Tagen beschäftigte er sich mit dem Gedanken des Selbstmordes. Als die Sitzung beendet war, empfand ich beim Verabschieden immer noch eine unbestimmte Angst, er könnte sich doch noch etwas antun. Als er das Haus verliess, machte er einen Fehltritt und fiel so unglücklich hin, dass er sich dabei ein Bein brach. Viel später sagte er mir, er sei überzeugt, dass dieser Sturz ihm als Hilfe zugefallen sei, denn wäre der Beinbruch nicht dazwi-

schen gekommen, hätte er wohl seinem Leben ein Ende bereitet.
Es kommen nicht immer nur sorgenbeladene Menschen zu mir. Viele möchten von der geistigen Welt ganz einfach wissen, was sie in ihrem Leben verbessern können. Erfreulicherweise suchen mich auch viele Jugendliche auf. Durch Hinweise in den Sitzungen sind schon viele vor negativen Erfahrungen bewahrt worden.
Oft haben die Besucher falsche Vorstellungen über den Ablauf einer Sitzung, sind erstaunt, dass ich nicht uralt bin und keine Katze auf dem Buckel habe, dass kein Weihrauchduft die Räume durchzieht, dass ich nicht schwarz gekleidet in einem dunklen Zimmer sitze. Wahrscheinlich haben sich derartige Vorstellungen aus den Zeiten der Hexenkulte erhalten. Ich bin froh, durch dieses Buch mit solchen Vorstellungen aufräumen zu können. Ich kann nicht deutlich genug betonen, dass das von mir praktizierte Hellsehen eine natürliche Begabung ist und mit Geheimkulten, Religionen oder Sektierertum nichts zu tun hat. Man kann sich den Sitzungsablauf als ein persönliches Gespräch vorstellen: zwar kenne ich mein Gegenüber und seine Lebensumstände nicht, sehe aber alles, was für sein Leben wichtig ist. Auch dürfen Fragen gestellt werden, die ich dann beantworte.
Gewiss ist es für die meisten Menschen ein ungewöhnlicher Schritt, Rat und Hilfe für ihre Lebensführung bei einer Hellseherin zu suchen. Doch im-

mer mehr Menschen befreien sich von den gängigen Vorurteilen, da sie keine Möglichkeit ungeprüft lassen wollen, eine Antwort auf die Fragen ihres Lebens zu finden. Sie scheuen sich dabei auch nicht, Menschen in Anspruch zu nehmen, die Dank einer ihnen geschenkten Begabung mehr sehen als andere und in besonderer Weise auf die Hilfe der geistigen Welt zurückgreifen können. Ich weiss, dass die vielen Menschen, die mich aufgesucht haben, Offenheit und Mut bewiesen haben. Damit haben sie auch mich in meiner Aufgabe bestärkt, und ich empfinde ihnen gegenüber aufrichtigen, innigen Dank.

Wozu dienen Probleme und wie können wir sie meistern?

Nehmen wir einmal an, Sie hätten gerade jetzt ein Problem und fühlten sich verunsichert, weil Sie keine Möglichkeit zur Lösung des Problems sehen.

Zunächst sollten Sie sich einige allgemein gültige Grundsätze vergegenwärtigen:
- Die Lösung für jedes Problem liegt in uns selbst.
- Es gibt immer eine gute Lösung, auch wenn diese Lösung nicht in allen Fällen jene ist, die wir uns wünschen.
- Jedes Problem hat einen Sinn: Wir sollen an ihm reifen.

Also muss ich mir immer zuerst die Frage stellen, was ich – und nicht, was die Umwelt – dazu beitragen kann, eine Änderung herbeizuführen. Ferner sollte man nicht nur eine unseren Vorstellungen und Wünschen entsprechende Lösung suchen, weil man sich dann möglicherweise für die eigentlich sinnvolle Lösung blockiert. Vielleicht will uns das Problem auf etwas aufmerksam machen, uns zu Veränderungen zwingen. Man sollte also immer fragen: Was kann und muss ich dadurch lernen? Schliesslich ist alles, was uns begegnet, Mittel zum Zweck und dient der inneren Entwicklung.
Wenn wir mit einer Schwierigkeit, einem Leiden, einer Sorge konfrontiert werden, sollten wir uns im-

mer bewusst machen, dass jedes dieser Probleme uns, d.h. das bessere und stärkere Ich, herausfordern will. Manche Krankheit kann sich in einem tieferen Sinne als heilsam entpuppen. Häufig wirft uns das Schicksal sozusagen die Hantelgewichte zu, mit denen wir unsere Kräfte trainieren sollen, stellt Hürden in den Weg, damit wir sie übersteigen lernen. Gehen wir mit einer solchen inneren Einstellung an unsere Probleme, sind wir besser gewappnet, und unsere Haltung dem Leben und den Menschen gegenüber ändert sich zum Positiven, unsere Denkweise wird geschult. Würden wir uns in einer Welt ohne Probleme überhaupt Gedanken machen? Häufig erkennen wir erst hinterher, welchen Sinn und Zweck ein Problem für uns hatte, und wir spüren tief im Innern den Sinn und die Notwendigkeit der überstandenen Schwierigkeiten.

Es wird niemandem ein grösseres Problem aufgebürdet, als er tragen kann. Mit jedem Problem, so gross es einem auch erscheinen mag, wird uns die innere Kraft gegeben, es zu lösen. Aber gibt es wirklich immer eine gute Lösung? Erscheint sie nicht unmöglich, wenn unser Problem z.B. eine Krankheit ist, die sich als unheilbar erweist? Hier müssen wir unterscheiden zwischen der Krankheit selbst, die keine Abhilfe zulässt, und dem durch die Krankheit ausgelösten Problem, das sehr wohl bewältigt werden kann. Die Lösung kann, was aufs erste paradox erscheint, darin bestehen, dass wir die Krankheit annehmen. Indem und nur wenn wir sie und das damit verbundene Leiden bejahen, wächst uns plötzlich eine Kraft zu, die stärker ist als Gesundheit oder Krankheit, und wir entdecken eine bisher nicht vermutete Tiefendimension in uns. Wieviele Menschen haben erst in einer lebensbedrohenden Krankheit den Anstoss erhalten, sich auf sich selbst zu besinnen, den Wert des Lebens zu erkennen! Und schliesslich waren sie gar in der Lage, von einem Geschenk der Krankheit zu sprechen! Hier also liegt die Lösung nicht in der Gesundung, sondern in einer neuen Sicht- und Lebensweise. Ein Mensch, der auf diese Weise mit seinem Problem fertig wird, ist für seine Umwelt nicht nur keine Belastung, sondern eine Ermutigung und ein Vorbild.

Wie anders derjenige, der einen solchen Schicksalsschlag nicht anzunehmen lernt! Er kämpft sein Leben lang voller Verzweiflung und Anklage gegen das, was er doch nicht zu ändern vermag, wird unleidlich, verbittert, böse, und vergrössert nur das Leid, das mit der Krankheit kam. Selbstmitleid ist hier wie in allen anderen Fällen der schlechteste Ratgeber. Selbstmitleid schwächt, macht sentimental und wehleidig, verhindert den klaren, objektiven Blick für die verbleibenden Möglichkeiten und erstickt alle Kraft zur Bewältigung einer Situation im Keime. Versuchen Sie, jede Regung des Selbstmitleids, jener gefährlichsten aller Seelenhaltungen, zu überwinden, denn Selbstmitleid führt allzu leicht zur Selbstaufgabe.

Wenn andere Menschen uns enttäuscht haben, fragen wir oft: Wie konnte man mir so etwas antun! Wo ich es doch nur gut gemeint hatte! Was wir selbst dazu beigetragen haben, dass es zu der Enttäuschung kam, diese Frage dringt selten in unser Bewusstsein. Vielleicht haben wir unsere Hoffnungen in den anderen projiziert und müssen nun durch seine Reaktion feststellen, dass wir ihn überfordert hatten und er unsere Erwartungen unmöglich erfüllen konnte. Vielleicht haben wir durch eigene Fehler den anderen zu seinem Verhalten gedrängt, das uns nun schmerzt. Vielleicht haben wir mehr verlangt, als er geben konnte. Vielleicht haben wir den anderen nach unseren Vorstellungen formen wollen.
Und nun lernen wir durch die Ent-täuschung, dass wir auf keinen Menschen Anrecht haben, dass wir keinen anderen «besitzen» können, auch nicht unseren Lebenspartner oder unsere eigenen Kinder. Auch wenn sie uns anvertraut sind, unser Besitztum sind sie nicht. Jedes Besitzdenken muss zu Enttäuschungen führen, aber solche mitmenschlichen Probleme können wiederum auch der besseren Erkenntnis und der Weiterentwicklung dienen. Wenn wir Enttäuschungen erleben, sollten wir uns immer fragen, welchen Grund wir bei uns selbst finden können, sei es ein falsches Verhalten, seien es falsche Erwartungen. Auch unsere Geschenke sind häufig nicht frei von Wünschen unseres Ego, werden mit gedanklichen Auflagen verknüpft. Wenn wir beim Schenken an uns denken und nicht daran, was der

andere wirklich braucht oder mag, sollten wir nicht enttäuscht sein, wenn der andere sich nicht dankbar zeigt.
Wenn Sie in diesem Augenblick ein Problem haben, das Sie bedrückt, so versuchen Sie zunächst, sich zu entspannen. Setzen Sie sich hin und atmen Sie regelmässig und ruhig ein und aus. Achten Sie auf das Auf und Ab des Atems, konzentrieren Sie sich auf ihn! Beim Einatmen denken Sie an Friede, Ruhe und Harmonie, ja laden Sie den Atem mit diesen Vorstellungen auf, so dass Sie gewissermassen Ruhe und Harmonie einsaugen, sich einverleiben. Und wenn Sie ausatmen, so tun Sie das mit der Vorstellung, dass Sie das Problem ausatmen, es von sich geben und loswerden. Wenn Sie das mit einiger Geduld und Regelmässigkeit üben, kommen Sie in einen Zustand innerer Ruhe und gleichen dadurch in allen Körpern die Energiefelder aus. Wenn ein Mensch sorgenbeladen ist, seufzt er instinktiv. Damit tut er nichts anderes, als unbewusst die Energiefelder in den Körpern auszugleichen. Im Zustand der Aufregung gibt es in allen Körpern Energiestauungen. Sie sind Blockaden und verhindern eine objektive, klare Beurteilung der Probleme.
Als ich vor einigen Jahren die Nachricht vom unerwartet plötzlichen Tod meines Vaters erhielt, wurde eine sehr tiefe, innige Beziehung jäh abgebrochen. Den Schmerz, den man in einer solchen Situation empfindet, muss ich nicht beschreiben. Jeden Tag setzte ich mich, wenn auch unter Tränen, hin, atme-

te Ruhe, Friede und Harmonie ein. Die seelische Wunde konnte durch das konsequente Einatmen dieser positiven Gedankenenergien schneller heilen, und bald war ich wieder so weit gefasst, dass ich am Abend des Beerdigungstages im Stande war, die vereinbarten Meditationsklassen selber zu führen.
So kann die beschriebene, kleine Atemübung ein Problem oder einen Schmerz, gleichgültig welcher Art, überwinden helfen und auf wundersame Weise Stärkung bringen. Natürlich wird jeder diese Übung ein wenig anders erleben, aber im Ergebnis wird sie für alle hilfreich sein.
Nach und nach lernt man, allen Problemen gegenüber eine positive Grundhaltung einzunehmen, sie nicht nur als Bürde, sondern als Herausforderung zu sehen. Jeder Gedanke ist Energie, und mit positiven Gedanken setze ich helfende Energien frei, während negative Gedanken schädliche Energieformen sind, mit denen wir nach dem Gesetz von Ursache und Wirkung früher oder später wieder in Berührung kommen. Eine positive oder negative Grundhaltung ist wie ein Magnetfeld, das Positives oder Negatives anzieht. Sie ist die Brille, die uns die Dinge optimistisch oder pessimistisch sehen lässt. So ist das zur Hälfte gefüllte Glas Wein für den Optimisten halbvoll und Anlass zur Freude, für den Pessimisten halbleer und Anlass zur Traurigkeit.
Die Sitzungserfahrungen zeigen immer wieder, dass viele Menschen in Problemsituationen nicht den Mut aufbringen, zur eigenen Überzeugung zu ste-

hen und sich dadurch unweigerlich immer wieder in Zwangssituationen begeben. Frei sein heisst, den anderen zu respektieren, ihn nicht wie ein Besitztum zu behandeln. Frei sein heisst aber auch, zum eigenen Leben und zu seinen eigenen Anschauungen zu stehen. Wenn wir einmal das Verständnis, die Freundschaft und die Liebe der geistigen Welt erfahren haben und wissen, dass die geistigen Helfer uns immer auf unserem Lebensweg begleiten, sind wir nie mehr allein. Wievielen Menschen hat nicht die geistige Welt in meinen Hellseh-Sitzungen zu einem tieferen Lebensverständnis verholfen! Nie hat sie jemanden getadelt oder gar verurteilt. Immer ging es um liebevolle Hilfe. Briefe wie der auszugsweise hier zitierte bestätigen mir die Richtigkeit meiner Arbeit:

«Sie glauben gar nicht, aus welchem Tief Sie unsere Familie herausgeholt haben, und wie sich die ganze Atmosphäre in unserer Familie verändert hat. Natürlich sind nicht alle Schwierigkeiten einfach verschwunden, aber wir schauen sie irgendwie von einer anderen Seite an, oder wir fangen uns eben wieder auf und versuchen, miteinander zu reden. Ich habe den Glauben wiedergefunden.»

Es gibt Menschen, die sich für alles Geschehene verantwortlich fühlen und sich wegen allem Vorwürfe machen. Ihre grösste Schwäche ist, ständig zurückzuschauen und selbstquälerisch in der Vergangenheit zu leben. Diese Menschen verkennen ihre Lebensaufgabe. Es kommt nicht so sehr darauf an, wieviele Fehler wir begangen haben. Viel wichtiger ist, was uns die Fehler gezeigt, wohin sie uns geführt und was wir aus ihnen gelernt haben. Was vorbei ist, ist vorbei. Man muss auch sich selbst vergeben können. Es ist zwar richtig, sich mit seinem Leben auseinanderzusetzen, damit man die Zusammenhänge eines Konfliktes begreift. Dann aber ist die Zeit, einen Neuanfang zu wagen. Häufig schieben wir die Schuld für unsere Fehler und Schwächen auf die Jugendzeit, die wahrscheinlich in den wenigsten Fällen absolut harmonisch verläuft. Die Psychoanalyse kann gewiss helfen, Kindheitserlebnisse aufzuarbeiten und Reaktionen und Verhaltensweisen verständlich zu machen. Leider ist es aber so, dass eine erkannte Problematik häufig jahrelang «warmgehalten» wird. Aber wie sollen Wunden heilen, wenn man ständig in ihnen herumstochert? Wenn jemand einen Furunkel hat, nützt es nichts, nur Pflaster darauf zu kleben. Man muss den Furunkel aufschneiden (Psychoanalyse), ihn dann aber heilen lassen. Durch jahrelange seelische Sezierung werden Patienten unselbständig und verlieren das Selbstbewusstsein. Man zwingt sie förmlich in die Rolle des Opfers, so dass sie nichts mehr von sich fordern. Man muss lernen, Lebensabschnitte abzuschliessen, oder, wie der Volksmund sagt, «einen Strich ziehen», um nicht Opfer des zerstörerischen Selbstmitleids zu werden. Anhand eines Beispiels möchte ich meine Meinung verdeutlichen.

Ein Herr, 57 Jahre alt, suchte mich auf. Als ältester Sohn von 3 Geschwistern verbrachte er eine unfrohe Jugend. Die Eltern lebten in ständigem Streit. Da die Mutter zeitweise trank, fühlte er sich mehr zum Vater hingezogen. Doch dieser war selten zuhause. Die Mutter übertrug den Hass, den sie ihrem Mann gegenüber empfand, auf den Jungen. In der Schule hatte er grosse Lernschwierigkeiten. Fast täglich hörte er von beiden Elternteilen, dass er für die Familie eine Schande sei, dass aus ihm nichts werde und er es nie zu etwas bringen würde, weil er zu dumm sei. Während seiner ganzen Jugendzeit hatte er also kaum Entfaltungsmöglichkeiten.
Die ständige Behauptung, dass nie etwas aus ihm werden könnte, hatte zur Wirkung, dass er, einmal von zuhause weg, sich in einen Lernzwang hineinsteigerte. Schliesslich wurde er Direktor einer grossen Firma. Als er mich aufsuchte, hatte ihn auch seine zweite Frau verlassen, und er litt unter schweren Depressionen. Er könne dies nicht verstehen, umso weniger, als er doch schon seit Jahren eine Psychoanalyse mache. Durch sie wisse er heute, dass seine ganze Problematik im Zusammenhang mit seiner Mutter stünde und er aus diesem Grund Frauen gegenüber entweder gehemmt oder aggressiv sei.
Die Erklärung, die die geistige Welt in der Sitzung gab, lautete wie folgt:
Er kenne nun die Zusammenhänge von Jugend und Partnerschaft, Dank der Psychoanalyse. Nun sei es aber an der Zeit, die alte Wunde ruhen zu lassen und

nicht mehr jeden Fehler mit der Vergangenheit zu entschuldigen. Die Wunde könne nur heilen, wenn er anerkenne, dass er nicht zufällig in diese Familie hineingeboren worden sei; denn gerade durch die Schwierigkeiten seiner Jugendzeit hätte er wichtige Erkenntnisse für sein Leben erarbeiten können. Er sei nun erwachsen und selbständig und hätte die seelische Kraft, sich von der Jugendzeit zu lösen und sich voll seinem jetzigen Leben zuzuwenden.
Er erklärte mir, er wolle den Anweisungen Folge leisten und verabschiedete sich erleichtert von mir. Nach 5 Monaten rief er mich an und sagte, er habe es geschafft. Heute könne er sagen, dass er für seine Jugend dankbar sei, weil sie ihm ermöglicht habe, das zu werden, was er heute sei.
Leider gibt es viele Menschen, die sich Probleme derart «zu eigen machen», dass sie schlussendlich ohne sie nicht mehr leben können. Sie kommen ohne das Selbstmitleid und das Mitleid der Umgebung nicht mehr aus. So wie jene Patientin, die meinen Mann, der Geistheiler ist, bat, ihr zwar die Schmerzen im Bein, auf keinen Fall aber das Hinken wegzunehmen. Versuchen wir also, uns den Problemen zu stellen, sie zu überwinden und an ihnen zu wachsen! Und helfen wir den anderen, ihre Schwierigkeiten zu tragen! Das Helfenwollen darf allerdings nicht zum Mitleid werden. Denn wenn ich mitleide, verstärke ich mit meiner Gedankenenergie das vorhandene Leid des anderen, und statt eines Leidenden gibt es plötzlich zwei.

Meditation als Weg zu seelisch-geistiger Entwicklung

Mit Hilfe der heutigen Technik lässt sich beweisen, dass eine regelmässig ausgeführte Meditation den Zustand des Gehirns verändert. Die brachliegenden Zellen werden angeregt und gefördert. Die Tätigkeit aller Zellen im Körper wird verstärkt und die Reaktion auf Schwingungen vergrössert. Dadurch entwickelt sich die Sensibilität. Von der Zirbeldrüse und der Hypophyse breitet sich das durch die Meditation erweiterte Bewusstsein in Form von Energieströmen über das Gehirn in den Körper aus. Wenn durch das Meditieren der Verstand und das Gehirn zu grösster Stille gebracht sind, werden die inneren Vorgänge, die Erfahrungen mit eigenen, unbewussten Ebenen und Dimensionen vom Wachbewusstsein aufgenommen. Auf diese Art und Weise verändert sich unsere Gesundheit und unsere seelisch-geistige Aktivität.

Auch Sie, liebe Leser, meditieren fast täglich. Zum Beispiel, wenn Sie einen Waldspaziergang machen, hingebungsvoll der Musik lauschen, fröhlich sind oder über etwas nachsinnen. All dies sind Meditionsformen. Im Grunde genommen spielt es keine Rolle, welche Meditationsform man wählt, wichtig ist nur, die Bedeutung der Meditation erkennen zu lernen. Man sollte sich täglich einige Minuten lang einen Zustand schaffen, indem man sich bewusst auf die totale körperlich-seelisch-geistige Harmonie einstellt. Jemand, der Meditation nicht praktiziert, kann sich kaum vorstellen, wie sehr diese wenigen Minuten der Verinnerlichung das Leben langsam, aber bestimmt zu verändern vermögen. Ein Tag hat 24 Stunden. Sollte es da nicht möglich sein, 10 Minuten für diese wichtige Entwicklung aufzuwenden?

Meditation ist für jeden Menschen möglich und ist unabhängig von Alter, Geschlecht, Religion und Weltanschauung. Die Meditation ist so wichtig, weil sie den ganzen Menschen in seiner Entwicklung fördert, körperlich und geistig. Das höhere Bewusstsein wird aktiviert und die inneren, medialen Sinne werden sensibilisiert.

Alles in der Welt, in der Natur, im Menschen ist zweipolig. Wir kennen die Zweipoligkeit z.B. unter den Bezeichnungen Positiv und Negativ. Wenn man das Tagesbewusstsein des Menschen dem Positivum gleichsetzt, wäre das Unterbewusstsein der gegensätzliche Pol, das Negativum. Diese Dualität erleben Sie in allem, z.B. wenn Sie innerlich mit sich kämpfen, ob Sie etwas Bestimmtes tun sollen oder nicht. Sie haben vielleicht den Entschluss gefasst einzukaufen. Dann wenden Sie Ihr Interesse anderen Dingen zu, und schon fragen Sie sich, ob Sie wirklich einkaufen sollen. Ihr Tagesbewusstsein sagt ja, Ihr Unterbewusstsein sagt nein – oder umgekehrt. Überall dort, wo der freie Wille eine Rolle spielt, wird diese Dualität erlebt.

Auch in der Meditation erlebt man diese Dualität. Durch die Meditation erarbeitet man sich Erlebnisse, die dem normalen Bewusstsein fremd sind, und dieses wiederum wehrt sich in Form von Zweifeln. Das Positivum ist hier das Meditationserlebnis, das Negativum der Zweifel.
Im meditativen Zustand ist es möglich, den Zeit- und Raumbegriff aufzuheben und andere Dimensionen und Bewusstseinssphären wahrzunehmen. Aber es braucht Zeit, bis man lernt, diese anderen Dimensionen dem Normalbewusstsein zu vermitteln. Denn es ist sehr schwierig, das Erlebte in seinem Ausdruck zu verstehen und es nicht mit dem eigenen logischen Denken zu vermengen. Erlauben wir unserem Verstandesdenken die Analyse der Erlebnisse dieser Dimensionen, werden wir so stark von Zweifeln heimgesucht, dass schliesslich der Verstand sich durchsetzt. Die unbewussten Ebenen funktionieren aber auf einem vom Verstand getrennten Kanal. Man kann ja auch nicht gleichzeitig Radio auf Mittel- und auf Kurzwelle empfangen. Der Verstand hat lediglich die Aufgabe, das Wahrgenommene «auszudrücken», wie bei einem Computer der Schreiber.
Ich habe weiter oben von der Funktion der feinstofflichen Körper und der Energiezentren gesprochen. Die Meditation bewirkt eine harmonische Wechselwirkung zwischen allen Körpern. Funktioniert der Energieaustausch zwischen den Körpern nur mangelhaft, erkrankt der Mensch an Körper oder Seele.

Regelmässig ausgeführte Meditation verhindert solche disharmonischen Störungen.
Jeder hat schon von den vier Elementen Feuer, Luft, Wasser und Erde gehört. Weniger bekannt ist die Beziehung zwischen den vier Elementen und dem menschlichen Organismus. Der Kopf mit all seinen Organen entspricht dem Element des Feuers. Deshalb läuft bei Wutausbrüchen der Kopf rot an. Durch die Energiezentren des Scheitels, der Stirn und des Nackens werden der Kopf und seine Funktionen mit den nötigen kosmischen Energien gespeist.
Der Brustkorb, die Lunge und das Herz entsprechen dem Luftelement. Diese Organe werden durch das Hals- und Herzenergiezentrum gespeist. Bei mangelhafter Funktion entstehen Herz- und Kreislaufstörungen sowie Lungenerkrankungen.
Die Bauchregion mit den inneren Organen wie Darm, Milz, Magen und Leber bis hin zum Zwerchfell entspricht dem Wasserelement. Diese Organe werden durch das Sonnengeflecht mit kosmischen Energien versorgt. Bei Nichtfunktionieren des Sonnengeflechts können die erwähnten Organe erkranken. Füsse, Beine, Steissbein und die Geschlechtsorgane sind dem Erdelement zugeordnet. Sie werden durch das Wurzelenergiezentrum (ganz unten an der Wirbelsäule) mit kosmischer Energie versorgt.
Durch zielgerichtete Meditation können die Energiezentren entwickelt und harmonisiert werden. Ein gesundes Fliessen der Elementeenergien wirkt sich

auf das körperliche, seelische und geistige Wohlbefinden und den Gesundheitszustand des Menschen aus. Zudem kann die Meditation schlummernde Kräfte aktivieren, z.B. einzelne Talente, aber auch die Medialität wecken. Unsicherheiten und Ängste bauen sich auf natürliche Weise ab.
Wie schon ausgeführt, hat jeder Mensch eine geistige Führung. Durch Meditation und die daraus folgende Bewusstseinserweiterung ist es in einem weiteren Entwicklungsstadium möglich, diese Führung durch Intuition, Hellsehen, Hellfühlen und Hellhören wahrzunehmen. Die geistige Führung ist nicht ausserhalb von uns selbst, sondern sie wirkt sich täglich in und durch uns aus. Erweitert man durch Meditation das Bewusstsein, öffnet man den Kanal zur geistigen Welt. Vergleichen wir es ruhig mit einem Kanalrohr: Durch ein Rohr von mehreren Metern Durchmesser kann logischerweise mehr fliessen als durch ein Rohr, das einen Durchmesser von nur wenigen Zentimetern hat. Erweitert man sein Bewusstsein im Laufe des Lebens nicht, findet keine Ausdehnung dieses Kanals statt und der Mensch stirbt so, wie er geboren wurde. Die durch die Meditation entwickelten Energiezentren werden fähig, Energieströme aus unsichtbaren Dimensionen aufzunehmen. Mit der Zeit kann der Meditierende die aufgenommenen Energien in Bilder transformieren. Dann bleibt noch die nicht leichte Aufgabe, die Bilder dem Sinn nach verstehen und ausdrücken zu lernen. Das, was sich aus der Meditation entwickelt, ist

einem Kind vergleichbar, das gehen und sprechen lernt.

Bestimmt hatten Sie schon einmal nach einem Erlebnis das Gefühl, Sie hätten unter einem besonderen Schutz gestanden. Oft sagen wir in solchen Fällen: «Ich hatte unwahrscheinliches Glück!» und meinen in Wirklichkeit unseren geistigen Helfer, der ja immer vorhanden ist. Je mehr wir über diese ganz persönliche geistige Führung wissen, um so weniger sind wir körperlichen und seelischen Gefahren ausgesetzt. Niemals zwingt sie sich uns auf, und sie darf auch ohne innere Einwilligung und Bereitschaft nichts in und an unserem Leben ändern. Erst wenn wir reif dafür sind und das nötige Verständnis dafür erlernt haben, darf diese Führung aktiv in unserem Leben mitwirken. Die Reife und das Erkennen der geistigen Führung hängen von der Entwicklung des Bewusstseins ab.

Für den Fall, dass Sie, durch meine Zeilen angesprochen, den Wunsch empfinden, Meditationserfahrungen zu sammeln, will ich für die tägliche Übung einige einfache Anregungen geben. Lesen Sie bitte die jeweils beschriebene Meditation gründlich durch, dass sie im Gedächtnis haftet. Vergewissern Sie sich, dass Sie fünfzehn Minuten lang nicht gestört werden. Legen Sie eine Platte mit ruhiger Musik auf und stellen Sie sie leise ein. Dann setzen Sie sich auf einen Stuhl mit Lehne.

Atmen Sie tief durch und schliessen Sie die Augen. Beginnen Sie, mit Hilfe Ihrer Vorstellungskraft

durch das Sonnengeflecht ein- und auszuatmen. (Das Sonnengeflecht liegt in Ihrer Magengegend). Beim Einatmen denken Sie, dass Ruhe, Frieden und Harmonie als wohltuende, beruhigende Energien durch Ihren ganzen Körper fliessen. Diese Energien werden von Ihrem Blutkreislaufsystem aufgenommen und zirkulieren im Körper. Denken Sie an nichts anderes als an Ruhe, Frieden und Harmonie. Wenn andere Gedanken auftreten, atmen Sie diese geduldig immer wieder aus, ebenso alle Sorgen, Nöte, Krankheiten und Schmerzen. Atmen Sie langsam, aber unentwegt immer wieder Ruhe, Frieden und Harmonie ein und alles Bedrückende aus. Tun Sie das so lange, bis Sie innerlich ruhig und gelassen geworden sind.
Fühlen Sie die Schwingung der Musik und atmen Sie auch diese durch Ihr Sonnengeflecht ein. Wenn Sie sich ganz entspannt fühlen, verweilen Sie einige Minuten in diesem Zustand. Dann öffnen Sie die Augen und beenden die Übung.
Wenn Sie sie über Wochen, so oft Sie können, diszipliniert wiederholen, wird Ihr Inneres mit Sicherheit harmonischer und ruhiger. Anfänglich werden Sie von Gedanken überflutet, aber lassen Sie es ruhig geschehen. Bleiben Sie mit Beharrlichkeit dabei, immer wieder Ruhe, Frieden und Harmonie einzuatmen und alles andere konsequent auszuatmen. Auch wenn Sie über Wochen hinweg diese Übung wiederholen, werden sich die Erlebnisse immer sehr verschieden zeigen. Mit der Zeit wird die zielgerich-

tete, freigelegte Energie – Gedanken und Gefühle sind Energien – in Ihrem Körper, Ihrer Seele und Ihrem Geist wirksam werden.
Wenn Sie gelernt haben, ruhig und entspannt auf dem Stuhl zu sitzen, was anfänglich nicht einfach sein wird, gehen Sie zur zweiten Übung über.
Schaffen Sie sich die gleichen Bedingungen wie in Übung eins. Entspannen Sie sich ganz. Informieren Sie Ihr Inneres mit dem sich einige Male wiederholenden Satz: «Von Übung zu Übung gelingt mir die Entspannung besser und schneller, mit jeder Übung entspanne ich mich tiefer und tiefer». Dabei atmen Sie durch das Sonnengeflecht ein und aus. Alle Verkrampfungen in Ihrem Körper und in Ihrer Seele werden durch die Energie von Ruhe, Frieden und Harmonie aufgelöst, so wie der Schnee unter der Kraft der Sonne zu schmelzen beginnt. Dann atmen Sie immer wieder alle Schmerzen und Sorgen aus. Ist der entspannte Zustand eingetreten, dann lassen Sie sich von den Schwingungen der Musik tragen.
Stellen Sie sich sodann vor, Sie seien auf einer grünen Wiese, eingehüllt in warmen Sonnenschein. Ziehen Sie in Ihrer Vorstellung Schuhe und Strümpfe aus. Fühlen Sie mit Ihren nackten Füssen das weiche, warme Gras. Atmen Sie das Gras durch Ihr Sonnengeflecht tief ein. Lassen Sie sich ganz locker und atmen Sie wieder Ruhe, Frieden und Harmonie ein. Stellen Sie sich die warme Sonne vor, heben Sie in Gedanken den Kopf leicht der Sonne entgegen und fühlen Sie ihre Wärme. Mit Ihrem Sonnenge-

flecht atmen Sie die Kraft des Feuerelementes (Sonne) tief ein. Stellen Sie sich vor, dass diese Energie von Ihrem Blutkreislaufsystem aufgenommen wird und dass alle Beschwerden verbrannt werden. Atmen Sie diese Beschwerden tief und bewusst aus. Mit Ihrer Vorstellungskraft reinigen Sie sodann Ihren Körper, indem Sie ihm die Energien von Frieden, Harmonie und Ruhe zuführen. Verweilen Sie einige Minuten in dieser Haltung. Dann informieren Sie Ihr Innerstes mit den Worten: Wenn ich die Augen wieder öffne, fühle ich mich ausgeruht und frisch, schmerzfrei, harmonisch und zufrieden; mit jeder weiteren Übung werde ich mich noch tiefer entspannen können, und ich werde mich von Mal zu Mal besser fühlen.

Wiederholen Sie diese Übung immer wieder, Woche für Woche, Ihre Geduld und Disziplin wird sich lohnen. Fassen wir zusammen: Gedanken sind Energien. Mit Hilfe Ihrer Vorstellungskraft setzen Sie brachliegende Energien frei. Wenn Sie sich zum Beispiel vorstellen, Sie stünden mit nackten Füssen in der Arktis, reagiert Ihr Körper mit einer Hühnerhaut und Sie frieren. Oder wenn Sie sich intensiv eine Lieblingsspeise mit Hilfe Ihrer Vorstellungskraft ausmalen, regen Sie die Speicheldrüsen an, und das Wasser läuft Ihnen im Munde zusammen.

Ebenso reagiert der Körper auf Meditationsübungen. Sie aktivieren Energien, und die Energiezentren beginnen sich auszudehnen (Erweiterung des

Rohrdurchmessers), und positive, gesundheitsfördernde Energien beeinflussen Ihr ganzes Sein.
Natürlich können Sie auch beliebige andere Bilder vor Ihrem geistigen Auge entstehen lassen. Auf jeden Fall wird es für Sie immer ein Abenteuer sein, eine Reise ins unbekannte Land Ihrer Seele.
Wenn Sie sich geärgert haben, versuchen Sie, sich soweit zu überwinden, dass Sie Ruhe, Frieden und Harmonie einatmen können. Beim Ausatmen sollten Sie den Ärger willentlich weggeben. So verhindern Sie gesundheitsschädigende Energiestauungen in Ihren Organen.
Können Sie keine meditative Haltung einnehmen, weil Sie z.B. gerade im Büro tätig sind, dann atmen Sie wenigstens den Ärger gedanklich aus. Trainieren Sie diese Übung bewusst, machen Sie sie zur Gewohnheit. Ihr Körper wird es Ihnen danken.
Den Aufbau Ihrer Meditation können Sie mit der Zeit ganz individuell gestalten. Auf jeden Fall erarbeiten Sie sich so Gesundheit, Grossherzigkeit, Geduld, Güte und wahre Liebe. Wenn Sie Ihrem Leben einen neuen Inhalt verleihen möchten und bisher nicht recht wussten, wie damit beginnen, zeigen Ihnen diese einfachen Übungen einen Weg. Ein Versuch lohnt sich auf jeden Fall. Die beschriebenen Übungen sind nicht sehr schwierig, sie fordern von Ihnen aber etwas Geduld und Disziplin. Meditationsübungen können Sie so sehr verändern, dass es sogar Ihrer Umwelt nicht verborgen bleibt.

Ziel der Meditation ist es, Bewusstes und Unbewusstes in Einklang zu bringen. Durch den harmonisierten Zustand aller Körper werden Kräfte aus den unbewussten Dimensionen kanalisiert und dem Bewusstsein übermittelt. Automatisch entwickelt sich auch die in jedem Menschen vorhandene Medialität, und unweigerlich werden sich Ihrem Leben neue Perspektiven und Möglichkeiten eröffnen.
Während ich diese grundlegenden Hinweise zur Meditation als Weg zu seelisch-geistiger Entwicklung niederschrieb, wurde mir bewusst, warum es so schwer ist, anderen Menschen Meditationserfahrungen zu vermitteln. Jeder denkt, fühlt und empfindet verschiedenartig, jeder hat eine andere Lebensaufgabe. Mühsam musste ich versuchen, etwas auszudrücken, das in einem Ihrer Schwingungskreise Anklang findet. Ein Buch erfüllt ja nur dann seinen Zweck, wenn es dem Schreiber gelingt, mit dem zu vermittelnden Stoff im Leser etwas freizulegen. Das Gelesene kann indes nie sozusagen «kopiert», sondern muss individuell erarbeitet werden. Trotz der beglückenden Gemeinsamkeit aller Menschen geht es bei der seelisch-geistigen Entwicklung um die individuelle Ausprägung der einzelnen Person. Ich möchte Sie ermuntern, das Wagnis eigener Meditationserfahrungen einzugehen, und hoffe von ganzem Herzen, dass Sie neue Erkenntnisse, neue Einstellungen gewinnen und dass sich Ihr Leben zu verändern beginnt.

Geistheilung

Die Hilfen der geistigen Welt beschränken sich nicht auf das Hellsehen. Die Bewusstseinsentfaltung kann wie zum Hellsehen auch zur Gabe der Geistheilung führen. Jede Funktion spielt sich auf einer eigens dafür erarbeiteten Ebene ab.

Mein Mann hat, wie schon kurz erwähnt, auf dem Gebiet der Geistheilung Erfahrungen gesammelt und konnte vielen Menschen helfen, oft auch in aussichtslos erscheinenden Krankheitsfällen. Es ist ein Irrtum zu glauben, allein der innere Wunsch, Menschen zu helfen, genüge als Voraussetzung erfolgreicher Geistheilung. Wäre dies der Fall, gäbe es längst keine Kranken mehr. Die Erfolge der Geistheilung hängen also weniger vom guten Willen des Heilers ab als von der Entwicklung seiner Energiezentren und von der erarbeiteten Bewusstseinsstufe.

Unter dem Sammelbegriff «Geistheilung» werden verschiedene Formen vereinigt, Gesund-Beten, Heilmagnetismus, unbewusstes oder bewusstes Heilen und vieles mehr. Ich will mich lediglich auf die Tätigkeit meines Mannes, sein bewusstes Heilen, wie er es praktiziert, beschränken.

Bei der Heilbehandlung versetzt sich mein Mann in einen tranceähnlichen Zustand. Wie wir immer wieder beobachten konnten, werden dadurch seine Körperfunktionen verlangsamt. Die Energiezentren öffnen sich, und sonst nicht wahrnehmbare Energieströme beginnen zu fliessen. Er stellt leichte bis starke, sicht- und fühlbare Vibrationen fest. Das über Jahre hinweg durch Meditation geschulte, höhere Bewusstsein öffnet sich für Dimensionen, die mit dem Normalbewusstsein nicht erreichbar sind. Nur auf dieser Entwicklungsstufe ist es möglich, mit den Händen die vom Patienten ausgehenden Ausstrahlungen bewusst wahrzunehmen. Ein krankes Organ strahlt eine andere Schwingung aus als ein gesundes. Mein Mann erfühlt das Energiefeld, das den Körper des Patienten umgibt, und spürt die darin funktionierenden «geistigen Organe» oder Energiezentren. In jahrelanger Entwicklungsarbeit hat er sich die Fähigkeit aneignen können, sogenannte «Energietransfusionen» vorzunehmen. Dies geschieht in der Weise, dass er höhere Dimensionen «anzapft», die kosmischen Energien von dort über seine Energiezentren aufnimmt und sie durch seine Hände auf den Patienten, d.h. in das Energiekreislaufsystem seines physischen und feinstofflichen Körpers weiterleitet. Der Vorgang kann mit einer Bluttransfusion verglichen werden. Die «Energiekonserven» werden von Helfern aus der geistigen Welt in unsere Dimension übermittelt.

Weil die Energie in alle Körper übertragen wird und somit einen positiven Einfluss auf die Funktionen im körperlichen, seelischen und geistigen Bereich ausübt, werden nicht nur die Symptome der Krankheit, sondern der Mensch in seiner Ganzheit be-hand-elt. Der Grad der Bewusstseinsentwicklung des Patienten ist dabei mitbestimmend für eine erfolgreiche Behandlung. Ich spreche nicht vom Verstandesbewusstsein, auch nicht vom bewussten Willen des Patienten, sondern von der inneren, dem einzelnen oft nicht bewussten Bewusstseinsreife. Manchmal hat sich nämlich ein Mensch bereits etwas erarbeitet, ist also in der seelisch-geistigen Reifung einen Schritt vorangekommen, ohne dass sein Verstand davon Kenntnis genommen hätte. Sein höheres Bewusstsein jedoch ist darüber informiert. Mein Mann hat immer wieder festgestellt, dass in solchen Fällen sehr schnelle Besserungen oder spontane Heilerfolge möglich sind.

Wenn aber der Patient, bewusst oder unbewusst, die Aufnahme der vermittelten Heilenergien verweigert, können sie nicht wirksam werden. Viele möchten gesund werden, ohne es wirklich zu wollen. Wenn ein Patient die Bereitschaft, gesund zu werden, nicht in seinem inneren Bewusstsein, sondern nur im Verstandesdenken hat, kann ihm nicht geholfen werden. Auch um gesund zu werden, muss man immer und ohne Ausnahme selber etwas dafür tun. Sehr viele sind nur äusserlich bereit, etwas zu tun, also der Umwelt gegenüber. Manche möchten zwar von Schmerzen befreit werden, aber nicht gleichzeitig von der Invalidenrente. Dann gibt es Patienten, die von Schmerzen befreit werden möchten, ohne aber in ihrem Leben etwas ändern zu wollen. Solche Menschen rennen von einem Arzt zum andern, von einem Heiler zum nächsten und merken nicht, dass

sie vor sich selbst auf der Flucht sind und dieses im Grunde genommen ihre Krankheit ist.
Auch in der Geistheilung hängt der Erfolg davon ab, wie weit das Bewusstsein des Patienten entwickelt und wie sehr er bereit ist, die Erkenntnisse, die er durch seine Krankheit gewonnen hat, in seinem Leben wirksam werden zu lassen. So erklärt sich, warum ein und dieselbe Krankheit bei einem Patienten mit Erfolg, bei einem anderen ohne Erfolg behandelt wird. Um gesund zu werden, braucht es immer eine neue Einstellung im Innern, sowie auch die Erkrankung auf einer inneren Einstellung beruht. Jede Krankheit ist auch gleichzeitig eine Chance.
Durch die geistigen Heilmethoden würden Ärzte keineswegs überflüssig. Wünschenswert und von grosser Bedeutung wäre aber eine Zusammenarbeit von Ärzten und Heilern, wie sie zum Beispiel in England bereits in vielen Krankenhäusern praktiziert wird.
Oft finden sich Patienten bei meinem Mann ein, die von der ärztlichen Wissenschaft als unheilbar abgeschrieben wurden. Durch die Geistheilung kann es auch bei solchen Patienten noch Heilerfolge geben. Solche über Jahre hinweg gemachten Erfahrungen können nicht einfach der «Einbildung» zugeschrieben werden. Geistheilung als alternative Heilmethode wird in der Zukunft ernst genommen werden müssen. Es ist lediglich eine Frage der Zeit, eine Frage des Mutes und vor allem eine Frage des Bewusstseins der Menschen. Für die Zusammenarbeit zwi-

schen der Schulmedizin und den Geistheilern sollte der Satz gelten: «Wer heilt, hat Recht». Nicht auf den Status, sondern auf die gewählte Hilfe sollte es ankommen. Ein Versuch würde sich lohnen. Nichts ist dabei zu verlieren.

Die Geistheilung ist auch in der Form der Fernbehandlung möglich, weil die Wirkung geistiger Energien nicht begrenzt sind. Es gibt Menschen, die besser auf eine geistige Fernbehandlung als auf eine Kontaktbehandlung reagieren, weil ihr Verstand bei der Fernbehandlung keine Störfelder produziert.

Bei Fernbehandlung versetzt sich mein Mann ebenfalls in einen tranceähnlichen Zustand. Anhand einer Fotografie verbindet er sein Bewusstsein mit dem des Patienten. Über diese drahtlose Verbindung vermittelt er die Heilenergieströme. Dass solche Fernbehandlungen wirksam sind, belegen Patienten, die meinem Mann die genaue Uhrzeit der Fernbehandlung brieflich mitteilen, auch wenn sie nicht wissen konnten, wann die Behandlung vorgenommen wurde.

Wie bei der Kontaktbehandlung sind auch bei der Fernbehandlung Besserungen eines Zustandes oder Heilungen nur möglich, soweit das Bewusstsein des Patienten dies zulässt, oder soweit dieser bereit ist, sich zu ändern. Weder die geistige Welt noch der Heiler noch sonst jemand kann und darf sich über die Bewusstseinsstufe eines Menschen hinwegsetzen. Auch ein Geistheiler ist kein «Übermensch». Auch für ihn gilt, was für alle gültig ist: Nur wer sich

dem Leben dienstbar macht, fördert auch die eigene Entwicklung.
Immer häufiger vernimmt man die Klage, die «Apparate-Medizin» sei in eine Sackgasse geraten, und zwar nicht nur, weil die Apparate unbezahlbar werden, sondern auch, weil den Patienten zunehmend das Gefühl überkommt, menschlich zu kurz zu kommen. Deshalb werden neue Wege zur Heilung gesucht. Die Geistheilung wird ihren Durchbruch erzielen, wenn das allgemeine Bewusstsein die entsprechende Stufe erreicht hat. Erste positive Anzeichen sind in allen Schichten und in den verschiedensten Ländern festzustellen. Hoffen wir, dass nach dem Vorbild Englands die medizinischen Wissenschaftler und die Geistheiler auch auf dem Kontinent bald zu einer fruchtbaren Zusammenarbeit kommen!

Nahrung für die Seele

Warum zeigen sich viele Menschen geradezu gerührt und erschüttert, wenn man ihnen ein ehrlich gemeintes Kompliment macht? Einfach deshalb, weil die menschliche Seele solche «Nahrung» braucht und sie zu selten erhält. Sind wir nicht alle viel zu geizig mit Anerkennung und Lob des anderen?

Wenn ich einem Besucher die Frage stelle: «Wann haben Sie Ihrer Frau, Ihrem Mann oder Bekannten das letzte Mal ein gutes Wort gegeben?», betrachtet er mich oft, als wäre ich nicht von dieser Welt. Aber bedenken wir doch, dass ein Teil unserer Seele immer Kind geblieben ist und sich nach Geborgenheit, Verständnis und einer freundlichen Geste sehnt. Immer wieder sollte man sich fragen, wann man das letzte Mal seinen Partner gerühmt, ihm gedankt oder ihm gesagt hat: «Schön, dass es Dich gibt!»

Warum können Worte so gut tun und so heilsam wirken? Weil – ich komme immer wieder darauf zurück – Gedanken Energien sind, die uns und unsere Umwelt verändern. Viele Menschen lassen sich aus Trägheit oder Verantwortungslosigkeit verleiten zu sagen: «Was kann ich schon tun!» Sie sind überzeugt, nichts ändern zu können. Jeder neue Tag bietet vielerlei Möglichkeiten, etwas zu bewirken, wenn uns einmal die verändernde Kraft der Gedanken aufgegangen ist.

Schon wenn ich mich in Liebe auf einen anderen Menschen konzentriere und ihm auf geistigem Wege bewusst meine Gefühle zusende, geschieht sowohl etwas in mir als auch in ihm. Werden Gedanken, Worte oder Gesten dieser Art einem Menschen zur Gewohnheit, wird er sehr bald verblüfft sein, welche Veränderung in ihm vorgeht und wie er eine veränderte Umwelt erlebt. Wenn wir das tun, was im Augenblick getan werden kann, werden sehr bald unsere Sorgen um die Zukunft geringer. Die Veränderung der Welt beginnt in uns selbst.
Wenig ist gewonnen, lieber Leser, wenn Sie von der Wirkung positiver Gedanken nur theoretisch überzeugt sind. Es kommt darauf an, solche Gedanken und Gefühle bewusst in sich zu nähren und sie willentlich ausströmen zu lassen. Warum beginnen Sie nicht gleich jetzt damit statt morgen? Unsere gemeinsame Welt braucht diese Form der Hilfe.
Auch die Natur spendet Nahrung für die Seele. Haben Sie schon einmal versucht, sich in einen Baum, einen See oder einen Berg hineinzufühlen? Als Kind habe ich dieses Spiel oft gespielt, und ich schäme mich nicht, es heute noch zu tun. Dadurch erfuhr ich immer wieder, wieviel Energie die Natur der Seele schenken kann – wenn wir uns ehrlich bemühen, sie zu verstehen. Auch in dieser Beziehung stand mir immer der Ausspruch meiner Mutter vor Augen: «Lerne aus der Natur, sie gibt Dir Antwort».
Lachen, sich ehrlich mit anderen freuen ist schliesslich ebenfalls eine Möglichkeit, die Seele zu

nähren. Stellen Sie sich hin und wieder vor einen Spiegel und lächeln Sie sich zu. Beobachten Sie Ihre Reaktion. Nur wenn man sich selbst zulächeln kann und sich leiden mag, ist man fähig, andere zu mögen und ihnen zuzulächeln. Wann immer möglich, lachen Sie getrost auch über sich selbst, Ihre Seele wird es Ihnen danken.

Eine weitere interessante Möglichkeit, der Seele Nahrung zuzuführen, bietet uns die Vorstellungskraft. Denn Sie ist ja keineswegs nur eine «Einbildung», sondern eine schöpferische Kraft, die in geistigen Dimensionen Wirklichkeit schafft.

Machen Sie einen Versuch! Stellen Sie sich das Weltall als Lichtmeer vor! Atmen Sie aus dem universellen Lichtmeer soviel Licht durch die Lungen und alle Poren, bis Sie sich schliesslich als eine glühende Kugel oder Sonne fühlen. Gleichzeitig können Sie die glühende Sonne mit einer Wunschvorstellung versehen. Z.B. können Sie sich wünschen, eine Wahrheit zu erkennen, eine Tugend auszubilden oder Ihre Gesundheit zu aktivieren.

Hier gilt all das, was ich weiter oben zum Ein- und Ausatmen gesagt habe, zum Verbinden des Atems mit Vorstellungsbildern wie Ruhe, Frieden und Harmonie. Und so schliesst sich der Bogen der Möglichkeiten zur Meditation, die natürlich, wie schon ausgeführt, in ganz besonderer Weise unsere Seele zu nähren geeignet ist. Vor allem dann, wenn es uns gelingt, uns meditativ in die Schwingungsebene unserer geistigen Helfer zu versetzen, mag man sie als

Engel, Schutzgeister oder Heilige verstehen. Denn Tag und Nacht, wo immer wir gehen und stehen, sind Sie ja um uns herum. In dem Bewusstsein, dass Ihre Energien und Schwingungen uns umgeben, atmen wir dann mit allen Poren, mit allen Empfindungen Ihre Kraft und Liebe ein. Und wenn wir uns geduldig immer wieder vergegenwärtigen, dass die Schwingungen uns durchfliessen und wir in ihnen aufgehoben sind, werden wir eines Tages buchstäblich spüren, das sie mit uns sind – nämlich von dem Augenblick an, wo ihre Gegenwart für uns selbstverständlich geworden ist. Dann erfahren wir, was es heisst, dass die geistigen Helfer uns berühren, uns stärken und beflügeln, und in einer ganz neuen, tiefen Weise wird uns die Bedeutung des Wortes Liebe aufgehen.

Von ganz entscheidender Wichtigkeit für jeden Meditationsschüler ist es zu wissen, dass für den inneren Weg keine Minute der Meditation verloren ist. Mögen wir auch das Gefühl haben, an Grenzen zu stossen, so werden dennoch Schwingungen in uns freigelegt, auch wenn wir sie über längere Zeit hin nicht erkennen können. Dass wir vom Tagesbewusstsein her keine Veränderungen feststellen, besagt nichts für das, was in tieferen, unbewussten Schichten unseres höheren Selbst geschieht. Lassen wir also alle Erwartungen, Hoffnungen und Wünsche unseres Verstandesbewusstseins ganz beiseite, seien wir deshalb auch nicht gefühlsmässig ent-

täuscht, sondern versuchen wir loszulassen, geschehen zu lassen, was will. Auch wenn vermeintlich nichts geschieht, sollten wir es annehmen.
Was und wie schnell etwas vom inneren Fortschritt für uns spürbar wird, hängt von der Entwicklungsstufe ab, auf der wir mit unseren Bemühungen begonnen haben. Nach dem geistigen Gesetz wird uns nichts geschenkt, muss alles erarbeitet werden. Das sind die Lasten, die wir Menschen zu tragen haben. Trost und Beglückung aber ist es zu wissen, dass jeder Augenblick, den wir ehrlichen Herzens der Meditation widmen, uns voranbringt auf dem inneren Weg, an welcher Wegstrecke wir auch immer stehen mögen. Trost bedeutet auch die Gewissheit, dass die geistige Welt unausgesetzt darauf wartet, unserer Seele Nahrung vermitteln zu dürfen.
Auch durch das Hellsehen wird die Vermittlung seelischer Nahrung möglich. Beim Hellsehen geht der Blick in die «jenseitigen Dimensionen», wo es weder Raum noch Zeit noch die menschliche Verstandesbegrenzung gibt, wo das Gestern, das Heute und das Morgen sich in das universelle Sein verwandeln. Die Gabe des Hellsehens erlaubt, aus diesem geistigen Bereich zu schöpfen und der Seele Nahrung zu bieten.
Auch der Glaube ist schliesslich Nahrung für die Seele. Wenn ich an mein höheres Selbst, meinen göttlichen Funken im Innern und an das universelle Sein, von dem ich ein Teil bin, glaube, kann ich aus dem Glauben heraus zum Heiligtum meines Selbst

und zum Ganzen in Beziehung treten. Wahrer Glaube ist ohne Furcht und ohne innere oder äussere Grenzen. Er ist unerschütterlich und von keiner Religion oder Weltanschauung abhängig. Er ist die Kraft, aus der sich die Seele nährt.

Niemandem wird wahrer Glaube geschenkt, denn auch er muss erarbeitet werden und ist somit ein Teil der Lebensaufgabe. Er gibt uns die Freiheit, nach der viele ein Leben lang, leider ausserhalb von sich selbst, suchen. Wahrer Glaube aber liegt in uns.

Es gibt nach alledem viele Möglichkeiten, der Seele Nahrung zuzuführen. Mit Verstand und Logik – das ist die grosse Leistung unserer Zeit – entwickeln wir die Technik und erreichen das, was wir gemeinhin «Fortschritt» nennen. Wenn wir dabei aber versäumen, auch der Seele Nahrung zu geben, wird der Fortschritt zum Verhängnis, zu einem Fort-Schreiten von uns selbst. Dafür ist nicht der Fortschritt an sich verantwortlich, sondern jeder einzelne, der nicht gleichzeitig seinen seelischen Fortschritt im Auge hat.

Das Menschsein

Denken wir an die Menschen und die furchtbaren Geschehnisse in diesem Jahrhundert, werden leicht böse Emotionen in uns geweckt, und das Wort Mensch löst alles andere als Jubel in uns aus. Und dennoch ist es für mich ein magisches Wort, das mein Herz höher schlagen lässt.

Als ich eines Tages feststellte, dass ich meiner überdrüssig geworden war und ständig unter schlechter Laune litt, entschloss ich mich zu dem Versuch, durch Fasten eine Änderung herbeizuführen. Am Vorabend meiner «Fastenzeit», deren Dauer ich zunächst offengelassen hatte, badete ich mich mit dem intensiven Wunsch, alle Unlust und Traurigkeit im Badewasser zurückzulassen.

Ich war gespannt auf mich selbst. Am ersten Tag verrichtete ich alle Arbeiten wie gewohnt. Am zweiten Tag hatte ich schrecklichen Hunger, und ich beobachtete mich, wie etwas in mir mich hiess, einen Apfel zu essen. Ich kämpfte diese Versuchung nieder. Statt dessen «ass» ich Sauerstoff, atmete ihn bewusst in grossen Mengen ein. Ich fragte mich, warum ich um die Mittagszeit Hunger verspürte, nicht aber am Abend.

Die Erklärung dafür hatte ich bald gefunden: seit langem esse ich abends gewöhnlich nichts oder nur Früchte. Interessant war für mich die Feststellung, dass, sobald mir diese Erklärung bewusst wurde, das

Hungergefühl verschwand. Es war für mich der Beweis, dass das innere, unbewusst gesteuerte Programm mit einer überzeugenden Erklärung umprogrammiert werden kann. Diese Entdeckung begann mir Spass zu machen, und ich wollte mehr über meine Reaktionen erfahren. In der Periode meiner Unlust hatte ich kaum etwas lesen können, ohne es sofort wieder zu vergessen. Jetzt setzte ich mich vor ein Buch und begann, wie wild zu lesen. Ganze Abschnitte konnte ich fast wörtlich wiedergeben, und das ohne grosse Mühe. Den ganzen Tag brachte ich damit zu, Dinge auszuprobieren, die mir sonst nicht lagen. Alles, was ich in die Hand nahm, gelang mir mühelos. Am Abend machte ich einen ausgedehnten Spaziergang und dachte intensiv über mich nach. Ich kam zu dem Schluss, dass nicht das Fasten mich verändert hatte, sondern die Motivation, etwas Neues in mein Leben zu bringen. In sieben Fastentagen entdeckte ich bei mir ganz neue Eigenschaften und Möglichkeiten. Die Maske des Alltags fiel ab. Ich hatte etwas Neues in mir lebendig gemacht.

Ich empfand diese Erfahrung im Bezug auf mich selbst wie ein spannendes Abenteuer, Welten öffneten sich für mich, die ich ohne den Entschluss zu fasten mit grosser Wahrscheinlichkeit kaum entdeckt hätte. Ich lernte, dass es an mir selbst liegt, wenn ich den Alltag nur noch grau in grau erlebe, und dass es Möglichkeiten gibt für ein neues, positives Erleben.

Es ist ganz natürlich, dass wir Freunde und Bekannte suchen, die eine ähnliche «Wellenlänge» haben wie wir, und bei denen wir uns wohlfühlen. Sie sind für uns wie eine Art Spiegel, in dem wir uns erkennen: In und durch den anderen lernen wir unsere Eigenarten sehen und verstehen.
Ich nahm mir vor, während einer gewissen Zeit zu versuchen, den anderen in seinen Besonderheiten genauer zu erfassen. Gemeinsam mit einer Freundin sammelte ich Eindrücke von anderen Menschen. Abend für Abend sassen wir zusammen und erzählten einander, wie wir die Menschen, die uns begegnet waren, erlebt hatten. Wir stellten uns die Frage, warum wir diesen oder jenen so oder so empfanden. Bald schon fiel uns auf, dass wir immer auf Verhaltensweisen anderer aufmerksam wurden, die den unsrigen sehr ähnlich oder aber entgegengesetzt waren. Auch wenn wir Menschen begegneten, die uns in ihrer Art ganz fremd erschienen, fanden wir nach langem Suchen auch etwas Fremdes in uns.

Wir und die Natur

Wir sind in der Welt, in der wir leben, nur Gäste. Die Natur und ihr kosmischer Organismus sind unsere Gastgeber. Die Welt liegt uns zu Füssen, und sie gibt uns alles, was sie zu geben hat. Sie schenkt uns ihr ganzes Vertrauen. Machen wir uns über diese unbezahlbare Gastfreundschaft genug Gedanken?
Der Baum schenkt uns im Sommer Schatten, und im Winter gibt er seine Blätter der Erde zurück und lässt so die Sonnenstrahlen für uns durchscheinen. Er lässt uns an seinem Leben teilhaben. Die Erde mit all ihren Früchten lädt uns an ihren Gabentisch ein. Und wir? Wir haben nicht einmal den mindesten Anstand unserem Gastgeber gegenüber. Fängt es nicht damit bereits an, dass, wenn wir uns im Wald erquicken, wir unseren Müll zurücklassen? Wir reden von Luftverschmutzung und saurem Regen, halten aber nicht einmal den Wald sauber. Im Kleinen und bei jedem einzelnen fängt alles an. Führen wir uns doch nicht wie gierige Räuber auf, gierig, alles zu besitzen, was uns freiwillig von der Natur angeboten wird. Was würden wir von Freunden halten, die wir in unser Haus einladen und die es beschmutzen und ausrauben?
Die Verantwortung für die Umwelt muss auch den Kindern immer wieder erklärt werden. Aber wir können nur etwas weitergeben, was wir selbst noch haben. Die Kinder sind auch die Erben unseres Verantwortungsbewusstseins gegenüber der Umwelt.

Schlusswort

Wir sind Lehrlinge auf dieser Welt, und streben dem Ziel, ewige Heimat, zu. Aus dem Inneren heraus, durch unser geistiges Wesen wissen wir um unsere Unvergänglichkeit. Das geistige Wesen in uns ist die Zeitlosigkeit, das transparente Licht, die Kraft sich zu wandeln und zu verwandeln. Das leben nährt den Tod und der Tod führt zu neuem Leben.

Die geistige Welt gewährt uns Weltenwanderern Trost und Hilfe. Durch ihre Kraft sind wir nie mehr allein. In dieser Gewissheit verfolgen wir die Wege unserer Entwicklung, die uns hinführen zur göttlichen Allwirklichkeit.